Dagbog fra Hærvejen

Simon S. Laursen

Dagbog fra Hærvejen
vores måde at vandre

Foto på omslaget: På stranden ved Slettestrand klar til Hærvejsvandring

© 2021 Laursen, Simon S.

Forlag: BoD – Books on Demand, København, Danmark

Tryk: BoD – Books on Demand, Norderstedt, Tyskland

ISBN: 9788743030447

Indholdsfortegnelse

Prolog

Dagbog

Appendiks

Prolog

En livsomvæltning

Morgenen den 26. marts 2014 ændredes mit liv. Jeg ville sætte mig i en stol i stuen, havde det ikke så godt ... lå på gulvet, potteplanter og møbler omkring mig var væltet. Jeg ville rejse mig, men væltede endnu mere. Alt fra jeg ville sætte mig i stolen, til jeg lå på gulvet, var væk! Først senere blev jeg klar over, at jeg havde ligget bevidstløs mellem et kvarter og en halv time.

Fik fat i min mobiltelefon. Jeg måtte bruge venstre hånd, da min højre arm og ben hang slapt. Underligt! Jeg tænkte, at jeg måtte havde ligget på dem! Ville ringe til Anne på hendes arbejde. Ingen tog den, hun var i et laboratorie uden telefon. Ville ringe til den for nylig omlagte lægevagt. En stemme fortalte, at jeg var nummer 39 i køen. Jeg lagde på. Tog en dyb indånding og overskred alle grænser - ringede 112.

"Alarmcentralen" lød en stemme. Jeg ville sige, at jeg havde det dårligt, men der kom ingen lyd. Blev klar over, at noget var helt galt. Manden blev irriteret. Jeg ville råbe hjælp, men der kom kun en underlig kvalt lyd. Manden blev vred. Han ville have en adresse, skældte ud. Stillede om til en sygeplejeske med afskedssalut, at her var en sindsforvirret person. Hun forstod efter få sekunder situationen. Afasi er når talecenteret i hjernen rammes, i mit tilfælde mistede sproget lyd. Vi fandt rømmelyde for ja og nej. Snart havde hun mit personnummer. Fik mig til at kravle ud til hoveddøren. Hun ville høre klikket, når låsen slog fra. Snakkede. Sagde hele tiden, at jeg ikke måtte lukke øjnene. Jeg måtte ikke sove. Apopleksi er en blodprop eller blødning i hjernen - i mit tilfælde havde en blodprop lammet hele min højre side.

Jeg lå og så op i loftet på ambulancen. Tænkte at jeg nok var det bedste sted i min situation. Kørte stærkt. Udrykningshorn og sirene larmede. Rederen kunne ikke få fat på min hustru Anne, og spurgte om han måtte ringe til børnene. Jeg rystede forskrækket på hovedet, berørt, de skulle ikke se mig sådan - mærkeligt, for tanken om hvad det skulle føre til, var der jo ikke. Holdt stille. Stemmer bagved. Tre motorcykelbetjente. "Jeg måtte køre op og banke på taget af bilerne, for at få dem ind til siden". Han var ophidset. Da jeg blev trukket ud, blev de stille. Jeg ville sige tak - men der kom ingen lyd.

Der var fyldt med mennesker over og omkring mig i det lille rum. Var febrilske. Overlægen stak hovedet helt ned til mig: "Du fik den i nat. Vi ved ikke hvornår! Du er med i forsøg, så om du får medicin eller placebo vil være efter lodtræning". Det var jo ikke rigtigt, jeg vidste godt, hvornår jeg fik den. Jeg ville protestere, men han havde allerede vendt sig væk. Uden at tænke rakte jeg desperat min raske arm i vejret og svingede den vanvittigt frem og tilbage. Der blev fuldstændig stille. Alle så forskrækket på mig. Jeg prøvede at forklare med lyde. Rederen der kørte ambulancen forstod som den eneste noget af det. Jeg ville forklare alt, men det gik uendeligt langsomt ord for ord. Han prøvede at fange ordene, fik fat i nogle, gav dem videre. Nåede kun lidt af en sætning, så råbte overlægen højt: "Det er inden for vinduet". Han gentog det flere gange. De næsten løb med sengen med mig i ned af gangen. Overlægen var forpustet: "Du får medicin. Det er ikke lodtrækning. Forstår du det". Jeg nikkede. Egentlig forstod jeg ingenting.

Lægen råbte: "Jeg kan se den, den er stor". De flåede mig ud af MR-scanneren. "Du får medicin nu". Jeg fik nu bare et drop! På vej gennem de lange gange under jorden til et andet sted på hospitalet - med en lille påhængsmotor til at køre sengen - gentog den unge læge tydeligt rystet flere gange: "Det var godt, du fik sagt det". Portøren smilte og fortalte, at det var her i gangene, at Von Trier optog Riget. Jeg havde det bedre. Kunne sige flere og flere ting, selvom ordene kom underligt hulter til bulter. Kunne bevæge min arm og ben - men min hånd var helt død.

På hospitalsstuen fik jeg besked på at ligge helt stille, "medicinen er meget stærk". Jeg forstod det ikke rigtigt, havde jeg fået medicin? Pludselig fik jeg næseblod. Jeg opdagede, at der sivede blod fra nålene i armene. Sengetøjet havde store plamager af blod. Det gik op for mig, at droppet nok ikke var saltvand. Trombolyse er kraftig blodopløsende drop direkte i blodet til at opløse en blodprop. Faren ved det er, at det kan forårsage nye blødninger i hjernen. Det blev dengang brugt rutinemæssigt, når der ikke var gået for lang tid efter blodproppen. I mit tilfælde virkede det efter hensigten og reddede min fremtidige tilværelse.

De kommende timer, dage og uger trænede jeg manisk og desperat næsten alle mine vågne timer for at komme tilbage til et almindeligt liv. Jeg kunne mere og mere. Alle sagde, at jeg var en succes. Ved tre måneders opfølgning fortalte jeg en læge, hvordan jeg egentlig havde det. Jeg blev øjeblikkelig sygemeldt og fik besked på at ligge og hvile. "Ellers bliver du hjerneskadet" lød beskeden. To år efter opgav jeg den daglige kamp for at få hverdagen til at hænge sammen og selvpensionerede mig. Tre år efter fik jeg endnu en blodprop i hjernen. Den var mindre på grund af min blodfortyndende medicin. Umiddelbart kom jeg godt igennem, men efterfølgende fik jeg svære eftervirkninger.

Under indlæggelsen for den anden blodprop opdagede en læge, at mit højre bens lægmuskler var tyndere og svagere end i det andet ben, hvilket måtte være en eftervirkning af lammelsen fra den første blodprop. Det var paradoksalt, da jeg havde tilsvarende problemer med det modsatte bens lårmuskler. Låret her var lidt over knæet tre centimeter tyndere end i højre ben og havde under end en tredjedels styrke.

Lægen på hospitalet fik min ryg MR-scannet - når jeg nu alligevel skulle have scannet hovedet. Det viste en ubehandlet diskusprolaps, der længe havde blokeret nervebanerne til musklerne i netop venstre lår. En bilulykke for mange år siden havde givet tilbagevendende rygsmerter, og da jeg på et tidspunkt fik nye smerter, reagerede jeg ikke. Jeg var jo vant til smerter! Derfor havde jeg ikke reageret og diskusprolapsen udviklet sig. De to skævt fordelte svage ben betød, at jeg gik skævt og haltede let.

Behandling og genoptræning af benene har af uvis grund kun delvist styrket dem. Noget jeg kun meget modvilligt har erkendt og accepteret. Det betyder på ingen måde, at jeg ikke kan gå. På korte ikke krævende stræk går det helt fint, men presser jeg mig for meget eller længe, bliver jeg voldsom udmattet og får afledte skader. Begyndende slidgigt i knæ og hofte har ikke gjort det nemmere.

Helbredsmæssige begrænsninger og specielt skaderne i hjernen er ikke noget at være stolt af, hvorfor det ville være fristende at lade være at nævne dem. Det er bare sådan, at det forsvinder de ikke af. Da jeg åbent accepterede, kunne tale om og tog højde for dem, fyldte de mindre. Når jeg går, opfatter jeg hverken tur eller oplevelse som begrænset. Lytter jeg til hoved og krop - og planlægger måden at vandre efter mine begrænsninger - kan jeg en del. Det er jo hverken tempo eller turlængde, der definerer en god gåtur. Når jeg eksempelvis ikke er i stand til at gå specielt hurtigt, er jeg privilegeret med god tid til at opleve.

Vores måde at vandre

Mine helbredsproblemer betød, at jeg ikke kunne løbe og havde problemer med balancen ved cykling. Det at "gå tur" blev den foretrukne motion og måden at finde ro i hovedet. Anne begyndte at gå med. Turene blev længere. Vi kørte nye steder at gå. Langsomt blev gåturene til vandring.

Det at vandre er egentligt blot at gå - bare over større strækninger. Oprindelig var vandring forbundet med funktionen at rejse, hvor der eksempelvis kunne være et antal dagsvandringer til et sted. I dag er vandring for de fleste et formål i sig selv. Det kan være at opleve omgivelser, afklaring i livet, finde indre ro eller komme i form. Der er mange måder at vandre på, fra hejk (på engelsk hike) med overnatning og madlavning i det fri, til arrangerede ture med fuld komfort. Der er ikke nogen form, der er mere rigtig vandring end andre. Det afgørende for mig er en form, der fungerer i min situation.

Gåturen var for motionen og roen i hovedet, mens vandringen i nok så høj grad er for oplevelsen. Oplevelse er for mig landskabet, naturen og dyrelivet. Det er vinden, solen, varmen og kulden. Det er at føle kroppens velvære, udfordringer og indimellem kamp. Det er ro, fordybelse og andre gange aktivitet og adrenalin. Det er lyset, skyggerne, det storslåede, de små ting og det overraskende. Det er hvordan mennesker bor, lever og har formet landskabet. Det er det enkelte steds lille og store historie. Det er menneskerne vi ser, møder og deres historie. Det er den jeg vandrer med og vores snak om stort og småt. Når jeg er åben for alt dette, giver vandring hele tiden mig nye oplevelser.

Er vandring personlig fordybelse, ønsker nogle at vandre alene. For andre er vandring en social aktivitet, som de helst gør i fælleskab. Motorik og helbred gør det vanskeligt for mig at vandre med andre eller deltage i arrangeret vandring. Jeg vil imidlertid gerne dele fordybelsen og oplevelsen. Jeg er derfor heldig at have en ægtefælle, der indretter sig efter mine begrænsninger - deraf den frimodige undertitel på denne dagbog "vores måde at vandre". En gang om ugen kompenserer hun så med rask gang i fællesskab med andre i vandreforeningen "Gribskovs Hårde Kerne".

Vi tager højde for mine begrænsninger ved selv at arrangere vores vandringer. Det kræver planlægning. Det betyder ikke, at vi ikke kan improvisere. Tværtimod giver god planlægning rum for improvisation, da vi dermed ikke pludselig står ude i ingenting med opbrugte kræfter. Når vi beslutter en vandring, begynder det altid med planlægning. Det første er, hvilken beklædning, udstyr og oppakning kræver den? Hvad er det for et område, som vi skal vandre i? Hvad kan vi forvente vejrmæssigt? Hvad skal længden på dagsvandringer være? Skal hele strækningen vandres over en sammenhængende periode eller splittes ud på flere? Hvad med overnatning og forplejning? Hvordan binder vi vandringen sammen transportmæssigt?

Nogle af vores svar er: Vi begrænser vandring til etaper på så vidt mulig maksimalt 15 til 20 kilometer. En omfattende vandring som Hærvejen splitter vi op i perioder på helst ikke mere end seks etaper ad gangen - med mulighed for en hviledag i forløbet. Overnatning på Hærvejen er normalt i shelter, telt eller på herberg, hvilket ikke er optimalt for mig. I stedet har vi valgt en fleksibel, rolig og skånsom form ved at leje sommerhus eller indlogere os på hotel i området. Det giver selvfølgelig udfordring til transport mellem logi, start og mål. Det løser vi gennem en omhyggelig planlagt kombination af bil og offentlig transport. Vi lejer sommerhuse uden for sæsonen og finder billige tilbud på hotelophold, hvorved vandreophold kan gøres for begrænsede økonomiske midler.

Andre vil gøre det anderledes. Det vigtige er at planlægge sin vandring, så den tager højde for begrænsninger og dermed udnytter muligheder. Jeg er som de fleste fascineret af det ekstreme, men selvom vi ikke vandrer lange stræk i alt slags vejr i ugevis med stor oppakning og overnatning i det fri, så tro mig - dagtursrygsæk, madpakke og lokal transport giver under vandringen tilsvarende store oplevelser. Går du på Hærvejen, er der trods alt samme strækninger!

Hærvejen

Anne og jeg vandrer for det meste på etablerede vandreruter. De sikrer os mod spærrede, ufarbare og farlige forløb, selvom vi eksempelvis har måtte kravle under elektrisk hegn for at komme videre på en officiel skiltet vandrerute. Forhindringerne er dog normalt lette at overkomme, og kvaliteten af vandreruterne er generel høj. Vandrer du i Danmark, er Hærvejen her oplagt. Det er den kendteste og mest ikoniske vandrerute her i landet. Selvfølgelig skulle vi gå den!

Navnet stammer fra bogen" Hærvejen" fra 1930 af historikeren Hugo Matthiesen. Her skrev han om en række historiske veje ned langs den jyske højderyg fra Viborg til Slesvig. Deres placering var bestemt af vandskel, hvor større vandløb og lave fugtige områder så vidt muligt blev undgået - de tørre skos princip. Hertil blev stejle kløfter og skråninger søgt omgået. Der er ikke tale om en bestemt historisk vej, men om et vejstrøg ned langs Jyllands vandskel, hvor de ældste dele sandsynligvis strækker sig tilbage til yngre stenalder for mere end 4000 år siden.

Hærvej betød tidligere blot en hovedfærdselsåre. Selve navnet kommer dog meget enkelt af veje, som en militær hær kunne rykke hurtig og sikkert frem på. Den kunne være kaldt så meget andet, da navne som eksempelvis Studevejen, Gammel Viborgvej og Kongevejen findes i gamle kilder. Tyskerne kalder den Ochsenweg (på dansk Oksevejen), som henviser til, at man opfedede stude på de midtjyske vidder, som blev drevet i flokke ad farbare veje ned til det tyske marked. Hærvejens pendant i Vestjylland kaldes i øvrigt af samme grund for Drivvejen, hvilket er helt legitimt, da der også var omfattende studedrift længere mod vest. Drivvejen er en fin vandrerute, som vi har gået fra Skjern til Thyborøn og absolut kan anbefales.

Vandrere begyndte op gennem 1930-erne at bruge Hærvejen - en periode hvor vandring bredte sig i Danmark. Med tiden blev sporadisk lokal skiltning sat op. I 1973 arrangerede nogle hjemmeværnsfolk årligt tilbagevendende vandringer fra Slesvig til Viborg under navnet Hærvejsmarch. Hærvejen blev langsomt et mere og mere benyttet turistmål, og i 1993 oprettedes en officiel skiltet rute mellem Viborg og den tyske grænse. Efterfølgende er den blevet officiel pilgrimsrute og en del af de sammenhængende europæiske Camino-ruter. Derfor blev den i 2014 udvidet med to nordlige tilføjelser til henholdsvis Hirtshals og Frederikshavn - og dermed forbindelse til pilgrimsruter i Norge og Sverige.

De fleste går på den oprindelige hærvej mellem Viborg og den tyske grænse, men især udvidelsen mod Hirtshals er også populær. Vi havde tidligere gået på Nordsøstien fra Blokhus til Hirtshals, som delvis falder sammen med denne del af Hærvejen. Vi besluttede at fortsætte på denne forgrening - dog blot fra Nordsøen til den tyske grænse. Helt præcist ville vi vandre fra Slettestrand til Padborg. Nogle vil mene, at når vi ikke går hele Hærvejen, går vi den ikke rigtigt. Det er selvfølgelig noget sludder, vandring er noget personligt - vi går vores Hærvej!

De fleste går Hærvejen fra nord mod syd. På pilgrimsvandring giver det god mening, så er der fra den dansk-tyske grænse blot 3000 kilometer til Santiago de Compostela i Spanien - målet for Caminoen. Selvom vi ingen ambition havde om et sådan projekt, blev vi enige om at gå denne retning.

Hermed var det bare at gå!

Dagbog

Tyvstart

Vi havde egentlig først planlagt at vandre på Hærvejen året efter. I sensommeren havde vi imidlertid lejet et sommerhus i Thy, hvorfor vi besluttede os for at tyvstarte med de første par etaper. Når vi nu var i nærheden!

Slettestrand - Fjerritslev
26. august 2019

I den tidlige morgen stod vi i strandkanten på Slettestrand og skuede ud over Nordsøen. Vejret var stille og let diset. Det var sjældent at se havet så roligt. Morgenkøligheden var ved at vige - det ville blive en varm dag. Den var for os begyndt klokken seks om morgenen i sommerhuset. Efter morgenmad og godt en times bilkørsel stod vi nu her på stranden og sugede stemningen til os.

Her midt inde i Jammerbugten kunne vi langt ude mod vest se Bullbjerg rejse sig. Mod nordøst kunne vi kun se kysten i let dis, men vidste at her lå Rudbjerg Fyr. Bag havet langt ude under horisonten lå Norge. Der var langt til den norske kyst, men drejede vi rundt og så ind mod land, var der mere end dobbelt så langt til grænsen til Tyskland - en vandring på mellem 400 og 500 kilometer. Hvis vi vandrede hver dag fra nu, ville det tage omkring en måned.

Fra vandkanten gik vi forbi de på stranden optrukne fiskerkuttere, som frivillige i Han Herreds Havbåde sætter i stand for at bevare kystfiskerkulturen. Efter nogle hundrede meter drejede vi ind i Svinkløv klitplantage og fandt vores vandrerute. Det lille blå skilt med en gående mand og teksten Hærvej skulle herfra blive vores rejsekammerat og vejviser i rigtig lang tid.

Plantagen blev i sin tid plantet for at standse den hærgende sand-flugt. Her var helt stille med en begyndende fugtig varme. Det gik opad, og jeg var allerede våd af sved. Pludseligt midt i skoven dukkede et gam-melt faldefærdigt stråtækt hus op! Det er en gammel fiskerhytte fra 1600-tallet, som går under navnet Svinkløvhus, men af de lokale kaldes for Ma-ries Hus. Umiddelbart efter var der en fantastisk udsigt ud over havet. Det afløstes af en voldsom stejl nedstigning i Kaprifoliedalen gennem tæt ve-getation forbi den norske nationalhelgen Sankt Olavs højt rislende kilde.

Nede på vejen langs kysten passerede vi det genopførte smukke Svinkløv Badehotel, der kort forinden var åbnet efter for nogle år siden at være brændt ned til grunden. De mange biler foran vidnede om, at det var populært. Vi forsatte ad en smal sti højt op på en skrænt med udsigt til Nordsøen. Området her er meget kuperet med mange kløfter, som an-giveligt skulle ligne svineklove. Heraf navnet på plantagen. Vores forestil-lingsevne kunne ikke helt følge med. Længere fremme lå en bunker inde i skrænten med skræmmende skydeskår, som afslørede områdets mørke fortid som en del af Hitlers Atlanterhavsvold. Efter et par kilometer endte stien og med en fantastisk udsigt over Grønnestrand mod Thorup og Bul-bjerg. Her forlod vi Nordsøen.

Den kølende brise fra havet blev gradvis mindre, og varmen tog til. Det var her jeg opdagede, at jeg havde glemt min vandflaske. Jeg havde kun en lille flaske danskvand! Med sol fra en skyfri himmel og temperatur i løbet af dagen på over 25 grader var det fatalt. Ved et usandsynligt lykke-træf kom vi imidlertid kort efter til et perfekt frokoststed ved tilkørselsvej-en til Grønnestrand. Her var borde og bænke, skraldespand, en brise fra havet og frem for alt en vandhane. Vandet var varmt, men når jeg lod det løbe lidt, blev det dejligt koldt. Jeg drak begærligt og fyldt min lille flaske.

Efter pausen gik det gennem hede med lysende lilla lyng og en mas-se enebærbuske med endnu ikke modne bær. Jeg havde et sted læst, at du her skal blive på stierne, da det er hugormereservat. Det gjorde vi så -

men vi så nu ingen hugorme. Midt i lyngen var til gengæld en bakke med en imponerende stenbesat indgang til en stor jættestue. Efter nogle kilometer nåede vi Kollerup Klitplantage. Højdepunktet her var en lyngklædt bakke med det sigende navn Toppen og en fantastisk udsigt. Ellers var det mest stier med nylagt grus, som var tungt at gå i. Ude af skoven gik det gennem sommerhusområder og parcelhuskvarter ind til Fjerritslev bykerne.

Fjerritslev er hovedstad for Han Herred, som ligger mellem Thy og Vendsyssel. Vi havde tidligere set byen, så vi skyndte os at finde busterminalen. Her var fuldt af skoleelever, der spillede høj rap-musik på ghettoblaster. En gammel hippie med Che Guevara på sin T-shirt forklarede mig, at støjen ikke var musik. Han havde derimod lige købt Karl Nielsens samlede værker billigt, fordi som ekspedienten havde sagt: Det gider ingen høre! Jeg smilte deltagende. Kort efter kom bussen mod Slettestrand. Den var gammel og kørte ad snørklede veje gennem småbyer. Hverken ventilation eller læseren til rejsekortet virkede. På Annes spørgsmål til chaufføren om hvad så, når vi ikke kunne tjekke ind på rejsekortet, svarede han med et bredt smil: Så kører i jo gratis!

Vores første dag på Hærvejen havde været på 18 kilometer gennem imponerende og indimellem udfordrende natur i over 25 grader. Det skal også nævnes, at vi aldrig havde gået på en så godt afmærket vandrerute før.

Fjerritslev - Løgstør
27. august 2019

Det ville blive endnu varmere end dagen før, så for at udnytte morgenkøligheden ringede vækkeuret allerede klokken halv seks. Det første stykke ud af Fjerritslev gik langs den tungt befærdede Aggersundvej. Heldigvis drejede vi hurtigt væk ad en lille sidevej. De kommende timer mødte vi blot tre biler, en traktor og ellers ingen.

Ved den lille landsby Husby kom vi gennem et anlæg med en smuk udhugget mindesten. Det er Husby Hole, hvor en bondeoprørshær i en hulvej i 1441 besejrede den lokale adel i skikkelse af lensmanden fra Ålborghus. Kort efter slog Kristoffer af Bayern dog oprøret ned ved en blodig nedslagtning af bondehæren. Disse begivenheder må ikke forveksles med bondeoprøret under Skipper Clement knap hundrede år senere. I anlægget var borde og bænke, men det var for tidligt til frokost.

De følgende mange kilometer gik ad mindre veje. Luften var varm og stille. De mange kæmpevindmøller ude i horisonten drejede dovent. Der var ingen steder at sidde og spise. Da vi havde krydset vejen mellem Brovst og Aggersund kunne vi se Limfjorden og håbede på et egnet sted her. Der var dog kun en stor gård med en stor besætning af malkekvæg, som ikke lugtede af frokost. Vi gik videre ad en markvej med udsigt til Aggersundbroen. Da vi nåede lidt skygge, var der imidlertid et rensningsanlæg, hvor en slamsuger under voldsom larm og ikke mindre voldsom lugt tømte sin vogn.

Vi gik videre på cykelstien langs landevejen det sidste stykke mod Aggersund. Vi havde gået næsten fire timer og temperaturen havde sneget sig op mod 30 grader. Solen var stikkende fra en skyfri himmel uden mulighed for skygge. Jeg svedte, så vandet løb af mig. Pludselig blev jeg svimmel og måtte sætte mig midt på cykelstien! Jeg havde kun fået et par mundfulde vand, siden vi tog af sted. Vi fik vandflasken og en banan frem fra rygsækken. Hurtigt fik jeg det bedre. En traktorfører gjorde spørgende tegn til Anne, om der var noget galt, men hun kunne gøre en beroligende bevægelse tilbage.

Efter de seneste års sygdom er jeg blevet sårbar med hensyn til væske- og energibalance. Dagens læring var, at det ikke er nok at huske vandflaske, jeg skal også drikke i tide. Det samme gælder indtagelse af energi. Det er for sent, når det føles som et problem. Fremover vil vi planlægge og prioritere pauser. Det er i god tråd med mange professionelle vandrere, som holder pause og pauselængde efter et tidsskema for at hvile før udmattelse.

Jeg havde for en række år siden været gennem en tilsvarende læring med hensyn til at blive kold. Under en vandring mellem Århus og Silkeborg lærte jeg det på den hårde måde. På nogle meget lange dagsvandringer på op til 30 kilometer i regnfuldt, blæsende og køligt vejr havde jeg ikke tøj nok med. Det var jo sommer! Sidst på den sidste vandredag kunne jeg pludselig kun gå meget langsomt. Det kom som lyn fra en klar himmel. Jeg havde godt nok følt mig lidt kold, men jeg svedte også. Det sidste af turen blev jeg mere og mere uklar og søvngængeragtig. Efter vandringen begyndte jeg - trods varmt bad og under varm dyne - at ryste. Det tog et par timer før kroppen faldt til ro, og jeg fik det bedre. Underafkøling og for den sags skyld overophedning skal tages seriøst. Falder kroppens temperatur kritisk kaldes det Hypotermi og kan i yderste konsekvens være livstruende.

Det betyder, at jeg nu er klædt i en række lag, hvor jeg hurtigt kan regulere temperatur ved at tage noget på eller af - og altid har nok ekstra tøj med. Her i varmen var T-shirt og korte bukser dog rigeligt, hvortil kom solbriller og let kasket til at beskytte øjne og hoved mod solen. Alligevel havde jeg tynd trøje, let windbreaker og regnslag i dagtursrygsækken.

Ved Aggersundbroen fandt vi et perfekt frokoststed med fin udsigt ud over fjorden. Jeg indtog rygsækkens samlede indhold af vand og mad. Anne fik lagt sig på bænken og strakt ryggen. Vi var kun nogle kilometer fra vikingeborgen Aggersborg, men det ville blive for langt oven i dagens vandring.

Efter en god pause gik vi med fornyet energi. Aggersundbroen er en imponerende massiv konstruktion bygget under anden verdenskrig - dengang med maskingeværer, panserværn og antiluftskytsbunkere i broramperne. Anakronistisk står der med store bogstaver på den: Bygget af Aalborg, Hjørring og Thisted amter. Nu ligger den midt i Region Nordjylland. Vi bevægede os hermed fra nordenfjords til det europæiske fastland - mere jordnært til Vesthimmerland.

Efter broen gik det knap fem kilometer ad lang lige vej langs fjorden til Løgstør. Trods nærheden af vand var det vindstille og trykkende. Varmen gjorde mig ør i hovedet, men fordi jeg havde drukket og spist, havde jeg fint overskud.

Som modsvar mod problemerne med mine ben havde jeg allieret mig med et sæt vandrestave. Som en professionel vandrer på YouTube udtrykker det: "Vandrestave er ikke kun for ældre damer, de er også for rigtige vandrere". Opmuntret hermed forsøgte jeg at forbedre min gang. I begyndelsen var Anne mest bange for, at jeg skulle ramme hende med en vildfaren stav. Her andendagen var teknikken mærkbart forbedret, og jeg var kommet ind i en god rytme. Ud til fjorden stod en flok sorte Anguskøer. En af dem fulgte mig med hovedet og gloede næsten i trance, mens jeg bevægede mig frem med små smæld, når stavene satte spidserne i asfalten. Det var som om, den lige skulle fordøje, det den så. Jeg skal i øvrigt have fat på gummidutter til asfalt!

I Løgstør købte vi kold vand og fandt en skyggefuld bænk. Det tog kun sølle tyve minutter med bus at køre tilbage til Fjerritslev. Dagen havde været på godt 20 kilometer i op mod 30 grader. Trods en advarsel om at indtage mad og drikke tidligt nok, havde det været en god dag.

I gang og Corona-nedlukning

Vi skulle have gået lange ture i Berlin i det tidlige forår, men da en epidemi med Corona-virus bredte sig fra Kina til Europa, besluttede vi i stedet at vandre på Hærvejen. Det virkede uproblematisk, men inden vi kom af sted, kom epidemien til Danmark, grænserne lukkede og alt ændrede sig dramatisk. Hoteller blev lukket, færger aflyst og forsamlinger forbudt. Vores leje af sommerhus blev dog ikke berørt, og når vi gik alene ude i naturen, var vi isoleret fra smitte. Under vandreopholdet fik regeringen imidlertid mandat til administrativt - hvis smitten kom ud af kontrol - at lukke Storebæltsbroen. Vi gjorde klar til med kort varsel at køre hjem. Broen lukkede heldigvis ikke.

Løgstør - Gatten
25. marts 2020

Den friske blæst var kold, og solen havde trods klar blå himmel endnu ikke meget magt. Vi var lunt klædt i varmt sportsundertøj, trøjer og vinterfrakker. I radioen havde vi hørt om steder i landet, hvor der blev set skævt til turister som mulige smittespredere. Vi var derfor spændt på de lokales reaktion. Da vi indledte turen med at se os undersøgende om, blev vi straks kontaktet af en forbipasserende om, hvor vi skulle hen? Han viste vej og ønskede os god tur! Alle var utrolig søde og venlige.

Corona havde også gjort os nervøse for busdrift og smittefare, men det var ganske ubegrundet. Busserne kørte planmæssigt. Vi gik ind i midten af bussen for ikke komme i nærheden af chaufføren, og under hele opholdet var vi praktisk taget eneste passagerer. Selvom der var chauffør, følte vi os lidt som Palle alene i verden.

Snart gik det ud af Løgstør ad Himmerlandsstien, som blev vores faste holdepunkt på store dele af vandringen mod Viborg. Den var anlagt som vandresti på jernbanesporet fra den hedengangne Himmerlandsbane mellem Løgstør og Viborg. I godt hundrede år kørte tog her. Den sporbrede jævne og faste sti var let at gå på. Vi kunne ikke gå forkert - vi skulle bare følge den.

Der var allerede i tidlig middelalder vej/rute fra Løgstør til Viborg. I 1120 skrev Munken Ælnoth således om den danske konge Knud, der flygtede fra oprørske bønder i Vendsyssel fra Løgstør over Viborg til Slesvig. Dette bondeoprør må ikke forveksles med det tidligere nævnte ved Husby Hole 300 år senere. Den flygtende konge tog for øvrigt videre til Odense, hvor han blev myrdet i Sankt Albani Kirke og efterfølgende helgenkåret som Knud den Hellige. Vi gik nu i sporet efter Kong Knud.

Foran os åbnede et blødt kuperet landskab af marker sig med spredte gårde og huse. Vi fik påskestemning på forskud, da vi midt i en flok får så et nyfødt lam på usikre ben. Første by var Vindblæs. Bynavnet passede perfekt i den friske vind. Fra stien kunne vi se dens vartegn Vindblæs Mølle, som er en fin gammel hollandsk mølle. Midt i byen fik vi et afbræk for den kolde blæst, da vi nød vores madpakke og varme te i en for vandrere på stien opstillet pavillon. Lidt derfra lå den gamle togstation. Det stod ikke på den, men stationsbygninger overalt i landet fra omkring forrige århundredeskifte har en egen let genkendelig stil. Det krævede ikke meget fantasi at forestille sig den med perron og jernbanespor. Nu var den privat bolig med en stor mængde fuglekasser på facaden.

Senere kom vi gennem udkanten af Vindblæs Hede. Den er en del af de Himmerlandske Heder, som strækker sig herfra en halv snes kilometer mod vest. For halvanden hundrede år siden strakte den sig gennem store dele af Himmeland helt til Sørup uden for Støvring. Her havde min tipoldefar - kendt som Bertels-Peter - et ensomt beliggende fattigt husmandssted ude på heden. Han drak og forskrev sin sjæl til fanden, mens hans datter (min oldemor) blev højt respekteret vaskekone inde i Støvring -

kendt som Stryge-Trine. De var imidlertid begge kendt som medrivende historiefortællere. Hvem ved, måske er det denne glæde ved at fortælle historier - som har præget en stor del af min mors familie - der gør, at jeg ikke kan lade være med at fortælle om Hærvejen.

Resten af dagens vandring gik gennem et par plantager for at slutte i landsbyen Gatten efter godt 15 kilometer. Bortset fra tæt på Løgstør mødte vi ikke nogen. Det var et afbræk fra en dagligdag, hvor alt omkring os ellers var klaustrofobisk præget af Corona.

Gatten - Aars
26. marts 2020

Selvom det stadig var koldt, havde vinden lagt sig og solen skinnede fra en skyfri himmel. Vi indledte med vores faste forberedelser. Den håndholdte GPS blev sat til at vise dagens etape og registrere turen. Vandrestavene blev foldet ud. Jeg havde siden sidst købt et par gode sammenklappelige vandrestave i restsalg på en svensk hjemmeside for vandreudstyr. I sammenklappelig tilstand kan de være i min rygsæk under transport, og i udfoldet position kan de justeres i højden. De har aftagelige gummiknopper på spidserne til asfalt. Jeg havde vænnet mig til dem. De skåner ryg og ben, stabiliserer balancen og giver vandringen en god rytme.

Brugen af vandrestave har i øvrigt givet et par sidegevinster. På meget kolde dage har jeg døjet med frysende hænder. Nu betyder den konstante bevægelse af armene, at jeg altid har varme hænder. På meget varme dage har jeg til gengæld døjet med opsvulmede hænder. Igen betyder brugen af armene, at det simpelt hen ikke sker.

Sti og landskab lignede den forgående dags. Dog var med mellemrum massive træbænke med indgraveringen "Fortællebænk". På dem hang tavler med information om lokale sagn, kultur og natur. En fin ide, men skulle vi sidde og læse alle tavlerne, ville det blive en lang dag.

Gennem Hornum var stien asfalteret, og ved hovedgaden var en portal med teksten Bølle-Bob Banen. Det dækkede over, at der foran den gamle togstation var bygget en legeplads med et stort legetog, som børn kunne trækkes hen ad stien i. Den gamle togbane havde fået sin helt egen aflægger her. Vigtigst var dog, at der var en pavillon til vores frokostpause. Mens vi spiste kom en kommunalarbejder forbi i en lille vogn og tømte skraldespande. Hun var snaksalig og syntes vores frokosthvil så hyggelig ud. Selv var hun lykkelig for, at hun var indkaldt til opgaven væk fra ufrivillig hjemsendelse på grund af Corona.

Det havde været tørt længe, alligevel var landskabet præget af efteråret og vinterens ekstreme rekordnedbør. Der var vådområder og marksøer, hvor de ikke burde være. Et svanepar havde slået sig ned i en kæmpe vandpyt midt på en mark, hvilket virkede helt forkert. Vinden havde lagt sig, og vi opdagede, at alle vindmøllerne stod stille.

Umiddelbart før Vesthimmerlands hovedstad Aars passerede vi byens golfbane. Denne solrige og vindstille perfekte dag for golf var baner og klubhus dog mennesketomme. Corona havde lukket alt ned.

I en grøn kile inde i et villakvarter gik Himmerlandsstien sammen med Hvalpsundstien, hvorved Hærvejen fra henholdsvis Hirtshals og Frederikshavn samles. Herfra sydpå er kun en Hærvej. Inde i Aars var alt Corona-lukket og totalt mennesketomt - bortset fra dagligvarebutikker. Dagens tur i det gode vejr havde været på godt 13 kilometer.

Aars - Aalestrup
27. marts 2020

Det var fortsat skyfrit med sol og vindstille. Det var oveni købet varmere, selvom temperaturen havde svært ved at komme over encifrede grader. Vi havde hidtil været heldige med vejret, hvilket betyder meget, når du går i det åbne landskab i fire-fem timer. Efter to dages rolig vandring på Himmerlandsstien gik det nu ud af Aars langs trafikeret vej. Det varede dog kun kort, så blev vi ledt ind på en mindre vej og gik igen i rolige omgivelser. Landskabet var atter marker, men der var flere gårde og huse end de foregående dage.

Oplevelsen ved Aggersund, hvor jeg var løbet tør for energi, havde øget vores fokus på pauser. På dagens vandring havde vi planlagt to. Efter godt en time tog vi derfor en afstikker til Gislum Kirke, hvor vi fandt en bænk op af kirken med sol og udsigt. Bonus var dette vandreopholds eneste offentlige ikke Corona-lukkede toilet. Vi vaskede, tørrede og sprittede selvfølgelig, så vi hverken fik eller gav smitte.

Kirker har normalt pæne offentlige toiletter, hvilket er uvurderligt for vandrere. Mange shelter-pladser har små primitive naturtoiletter, der dog ikke er specielt attraktive. Det meste af Hærvejen går imidlertid gennem områder uden offentlige toiletter, så det er nødvendig diskret at kunne tisse i naturen. Vi har altid toiletpapir med til eventuel akut dårlig mave, men har heldigvis aldrig haft brug for det i naturen.

Snart var vi tilbage på Hærvejen. Fra en afsidesliggende gård kom nogle mindre børn løbende ud til vejen, hvor de tilbød saftevand fra et vakkelvornt klapbord. Der kom næppe andre vandrende end os forbi en sådan tidlig Corona-forårsdag, men når børn var sendt hjem fra skole og institutioner på grund af smittefare, skulle de vel finde på noget. Vores respekt for smitte var dog større end vores imødekommenhed, så vi takkede pænt nej tak.

Når vi vandrer, støder vi på mange særprægede stednavne. Et af de mere specielle var Kællingetand. Det stod på et vejskilt og stammer fra en gammel enestegård, som kan spores helt tilbage til 1400-tallet. Hvad navnet kommer af, fortaber sig i historien. Den lå oprindelig på en holm i Lerkenfeld Å og var møllegård. I dag eksisterer både en gård med navnet Kællingetand og en med navnet Kællingetand Mølle. Åen krydsede vi på en øde grusvej med en flot udsigt over et stort fladt engområde - og begge gårde inden for synsvidde. Det med øde fik en dybere betydning kort efter. Vi passerede en gård, som vi på afstand troede, var misligholdt, men fandt ud af var ødegård. Det var her i solskinnet faktisk uhyggeligt, at se en pæn stor gammel gård stå helt tom og forfalde.

Da vi nåede Testrup Kirke, trængte vi til pause. Den var i middelalderen valfartsted for en helligkilde for Sankt Jørgen. Der var pilgrimshospital, som lave ruiner på kirkegården er rester fra. En ruinbygning tæt ved kirken er ofte benævnt Testrup Kloster. Det har dog aldrig været kloster i gængs betydning, men sandsynligvis her de munke som passede hospitalet boede. Kirken ligger højt, og vi nød den storslåede udsigt over området

I landsbyen nedenfor kirken er et nutidigt pilgrimsherberg - selvfølgelig lukket på grund af Corona. Det er et af herbergerne for vandrere og cyklende på Hærvejen. Det er med køjer i sovesale, hvor du selv skal medbringe sovepose. Der er adgang til køkkenfaciliteter. De åbner om eftermiddagen og du får plads i den rækkefølge, du kommer. Der er fast pris på blot 100 kroner. Bag herberget i Testrup var der alternativt mulighed for overnatning i shelter med bålplads. Ud af byen mødte vi to meget unge vandrere med rygsæk, liggeunderlag og kogegrej samt musik til turen i en lille skrattende højtaler. Vi var ikke helt alene som Hærvejsvandrere her tidligt på sæsonen under Corona-epidemien.

Ind i Aalestrup blev vi mødt af nogle hidsigt gøende hunde, som heldigvis var bundet. Nogle mænd, der sad ved en skurvogn og drak bajere, løsrev sig ikke, men skreg bare med mellemrum "hold kæft" til dem. Inde i byen ved stationen i et lille anlæg brugte en anden lille gruppe mænd de opstillede borde og bænke som værthus. En af dem gik et par meter væk og stod svajende og tissede midt på stien. Vi fandt under et efterfølgende besøg i byen ud af, at de åbenbart sad der hver dag. Det var muligvis deres svar på byens Corona-lukkede værtshus.

Dagens vandring havde budt på stille vejr, flot solskin og knap 18 kilometer. De sidste kilometer var vinden dog tiltaget, og kulden langsomt sneget sig ind på os. På vej hjem kunne vi konstatere, at vindmøllerne igen drejede.

Aalestrup - Skringstrup
30. marts 2020

Det var mærkbart koldere og mere blæsende, og dagens vandring var den længste under dette ophold. Hertil kom, at vi først sent kunne komme i gang på grund af problematiske busforbindelser. Vi havde først kørt en time med regionalbus fra Skals til Aars, her ventet fyrre minutter, inden vi kunne sætte os i bussen til Aalestrup. To en halv time efter vi var taget fra sommerhuset, kunne vi begynde vores vandring på Aalestrup Station. Det er betingelserne, når vores måde at vandre på er afhængig af offentlig transport.

Annes oldefar var jernbaneportør på stationen i Aalestrup, der dengang var lokalt knudepunkt på Himmerlandsbanen og havde hele tre spor. Hovedlinjen mellem Løgstør og Viborg blev her forbundet med sidelinjen til Hobro. Nu hundrede år senere stod vi foran stationen, som er blevet busstation og en Corona-lukket café.

Udenfor Aalestrup var vi atter i landbrugsland. Vi passerede tæt forbi en åben kostald, hvor køerne sløvt fulgte os med øjnene. Gennem landsbyen Gammel Hvam befandt vi os pludselig i et absurd trafikkaos af store traktorer med gyllevogne. Det virkede som om, at alle skulle køre gylle ud på markerne omkring os netop på det tidspunkt. Vi spiste frokost ved Hvam Kirke, som ligger højt i landskabet udsat for den kolde blæst, så det blev en kort pause.

Ud af byen blev vi nærmest båret frem af vinden. Efter den store herregård Kallestrup begav vi os ad en ujævn markvej mod Simmersted Å. Åen er på et langt stykke grænsen mellem regionerne Nordjylland og Midtjylland. Det kunne være et fint billede - da vi krydsede den - at vi passerede en regionsgrænse, hvis det ikke lige var fordi, at vi ud af Aalestrup allerede havde gjort det. Her gik vi i stedet ind i Nordjylland igen, for definitivt senere på dagen atter gå ind i Midtjylland. Uanset vores zigzag over grænsen var det dagen, hvor vi havde vandret gennem Nordjylland og fremover skulle gennem Midtjylland.

Efter ekstremt meget regn i efterår og vinter var der høj vandstand og heftig strøm i åen. På den anden bred gik vi mod syd gennem den privatejede Ettrup Plantage. Himmerlandsstien havde været jævn og behagelig, mens sporet her var bakket og ujævnt. Der er en verden til forskel, hvor mange kræfter du bruger på to så forskellige underlag. Efter plantagen åbnede landskabet sig med eng og hede. Området var bortset fra enkelte gårde ganske øde.

Højt på en bakke tæt ved vejen fik Anne øje på en pavillon. Her var et par behagelige gamle plasticstole, som vi i læ for vinden kunne sidde på og nyde solen. Det blev en god pause, hvilket var heldigt, for der hvor jeg havde planlagt den længere fremme, var optaget. God planlægning er godt, men improviseret held er slet ikke dårligt.

Gennem Borup Hede gik vi ad et smalt spor i lyngen langs Simmersted Å over udsigtspunktet Brakbjerg. En kort hård opstigning med flot natur. Heden var før sidste verdenskrig meget større, men det meste blev da omdannet til C.E. Flensborg Plantage, opkaldt efter den daværende direktør for Hedeselskabet. Efter at have passeret det sydligste af denne plantage, krydsede vi for sidste gang Simmersted Å på et bredt stykke med vådarealer.

Mod Skringstrup gik det ad befærdet landevej. Vi har på sådanne stræk gennem årene med vandring fået god træning i at være årvågne og træde ind i vejsiden for passerende biler. Midt i det hele kom en SMS, om vi var klar til et videoopkald på telefonen med vores barnebarn Fie-Marie, som havde tre års fødselsdag. Vi måtte af hensyn til vores sikkerhed udskyde det til et mere sikkert sted. Det for os værste og sværeste under denne tidlige eksplosive udvikling af Corona var, at vi på grund af smittefaren ikke kunne være sammen med vores børnebørn. Vores datter arbejdede som hjemmesygeplejeske, hvor hun blandt andet behandlede Corona-smittede. Jeg var først lige kommet mig ovenpå en måneds lungebetændelse. Dette sammenholdt med, at der ikke var nogen behandling for Corona, og mange døde af det på landets hospitaler, betød for os stor usikkerhed og forsigtighed.

Det sene tidspunkt for start på dagens vandring kombineret med længden og at det blev mærkbart køligere, pressede os i forhold til som planlagt at gå til Skals, hvor vores bil stod. Vi var derfor åbne for at tage bus fra Skringstrup til Skals. Der var imidlertid ikke ret mange afgange, men vi var heldige og kom blot et kvarter før den sidste gik. Vi kunne således nå hjem til vores sommerhus tids nok, til der at synge fødselsdagssang for Fie-Marie. Dagens etape havde været på knap 19 kilometer i varieret landskab. Vi havde været kolde til sidst, så vi var glade for bussen frem for yderligere fire kilometer.

Skringstrup - Fiskbæk
31. marts 2020

Det var endnu koldere og endnu mere blæsende end den foregående dag. Skyerne dækkede massivt og tungt himlen. Tidligst mulig bustransport var først i Skringstrup klokken halv tolv. Til gengæld var første halvdel af dagens vandring igen let at gå på Himmerlandsstien. Der hvor de gamle togstationer lå på stien, er nu opsat informationstavler med gamle billeder og vandretider udformet som køreplan. Vi følte os som et tog, der var tilbage på skinnerne. En smal stribe skov langs stien gav på nogle stræk læ for den bidende kolde vind. Baneskoven blev ellers under anden verdenskrigs besættelse fældet af tyskerne, for jernbanesabotørerne ikke skulle kunne gemme sig der. Efter krigen er den dog blevet genplantet.

Vi spiste frokost ved idrætshallen i Skals med udsigt til en tom fodboldbane, hvor et tårn forkyndte, at stillingen mellem hjemme- og udeholdet var 0-0. En passende stilling for de Corona-lukkede idrætsklubber. Skals Station længere fremme eksisterer stadig og er omdannet til cafe for vandrere på Hærvejen, ligesom byens gamle kro bagved er blevet Hærvejsherberg. Caféen på stationens perron så hyggelig ud, hvis det ikke lige var for blæsten og Corona-lukning.

Ud af byen åbnede landskabet sig mod Hjarbæk Fjord. Det eneste formildende ved vinden var, at den ikke kom helt lige forfra. Vi gik på en forhøjet smal tange gennem først Skals Strandenge og derefter Kølsen Strandenge, som samlet er et vigtigt fuglereservat. Ude på strandengene går stien over Skals Å på en gammel jernbanebro. Broens massive stålkonstruktion virker ekstrem i forhold til nutidens beskedne vandresti, men den skulle selvfølgelig oprindelig kunne bære et tonstungt damplokomotiv.

Kort efter forlod vi stien af, hvad der skulle have været en trampesti, men var store ujævne hårde jordknolde formet af enorme traktorhjul den forgangne våde vinter. De var næsten umulige at ballancere på, og den næste kilometer blev virkelig krævende. Heldigvis drejede mareridtsporet af, og vores sti blev almindelig trampesti - omend meget fugtig. Indimellem måtte vi ballancere på kanten af stien for ikke gå i tung mudder eller vand. Heldigvis havde vi vandrestøvler på.

Vi var dog glade for, at vi ikke gik på tidligere tiders veje. Trods vejforordninger helt tilbage til 1500-tallet, var de fleste vejes tilstand ekstremt dårlige helt op til nyere tid - hvilket vil sige frem til bilens behov for ordentlige veje. En anekdote beskriver det måske bedst. To vandrere mødtes på en vej. Den ene gik i grøften. Den anden spurgte, hvorfor han gik der. Han svarede, at det var fordi, at her var lettest at gå.

Efter nogle kilometer langs fjorden drejede vi af og gik stejlt opad til landsbyen Vorde. Her havde vi planlagt en pause ved Kirken. Den lå imidlertid uden læ på områdets højeste og mest forblæste sted. Vind og kulde gik her gennem marv og ben, så vi droppede pausen. I stedet gik vi stejlt nedad mod Hjarbæk. Fra vi gik op fra strandengene, havde vi på nogle få kilometer bevæget os over halvtres højdemeter op og tilsvarende ned igen. Det var godt for konditionen.

Hjarbæk er et lille hyggeligt fiskerleje med gamle huse. Midt i byen er et Hærvejsherberg med malede tegneseriefigurer på murene - nu selvfølgelig Corona-lukket. Vi holdt et kort hvil ved havnen, hvor vi fandt en smule læ bag et skur.

Det sidste stykke mod Fiskbæk gik ad en smal sti helt ud til fjorden. Stien lå øde, men var øjensynlig populær, da vi mødte mange gående. Dagen sluttede ved Fiskbæk Kirke efter godt 16 kilometer. Jeg var kold og træt og lavede en dum fejl, som betød vi mistede vores håndholdte GPS med alle data siden Løgstør. Jeg lagde den fra mig på bilen og glemte den. Vi kørte tilbage og ledte efter den, men forgæves - ærgerligt! Anne havde dog notereret længder på etaperne, og jeg har siden genskabt selve forløbene manuelt i et computerprogram. Der er altid et eller andet, der går galt på en lang vandring!

Fiskbæk - Viborg
3. april 2020

Det blæste skiftevis med sol og var overskyet. Uden GPS var vi henvist til et kort uden detaljer. Vi fandt dog hurtigt en grusvej i retning mod Hærvejen. Den var imidlertid spærret af en ejendoms garage. Senere fandt jeg ud af, at det var den rigtige vej, som fortsatte på den anden side af garagen. Et kort er et øjebliksbillede, hvor landskab, bygninger og veje kan være ændret. Vi ville ikke gå gennem beboernes private grund, så vi tog i stedet en markvej ved siden af og kom højt op i en granplantage med fantastisk udsigt ud over Hjarbæk Fjord.

Markvejen havde lidt fremme samme retning som Hærvejen, men var ikke Hærvejen. Efter nogle kilometer endte den brat ved et hegn. Jeg vidste, at den rigtige sti lå syd for os, da vi ikke havde krydset den. Vi fulgte derfor hegnet mod syd og fandt ganske rigtigt stien, der på dette sted ovenikøbet var skiltet. Der var bare det problem, at der var et over en meter højt hegn så langt øjet strakte mellem os og stien. Vi tog en hurtig beslutning, kravlede forsigtigt over og var tilbage på Hærvejen.

Hjemme i Tisvilde Hegn løber jeg orienteringsløb en gang om ugen. Det vil sige, jeg "går" orienteringsløb med andre "gamle" i "Hegnsjogger-ne" under Tisvilde Hegn Orienteringsklub. Jeg er derfor rimelig god til at finde vej med kort og kompas. Derfor er det alligevel rart med en GPS på vandring. Jeg tænker tit på, hvor meget vi som vandrere har glæde af teknologien. Havde vi gået for eksempel for halvtreds år siden, havde me-get været anderledes.

Hærvejen var dengang ikke skiltet. Hvis vi skulle gå på andet end bilveje, ville vi være afhængige en masse lokale detaljerede kort. Over-natning "på vores måde" ville være på vandrehjem og landevejskroer. Når logi ikke lå på ruten, ville der godt nok være et utal af lokale rutebiler, men det ville med mange små trafikselskaber være svært at få overblik over afgangstider.

Beklædning var også meget anderledes end nutidens. Vandrestøvler var tunge i tykt stift læder med hårde såler. På kroppen var fugtsugende bomuldstøj, bukser i bomulds-canvas eller fløjl og stift olieimprægneret overtøj. Eneste hjælpemiddel ville være en ikke særlig ergonomisk van-drestav. Det ville have været en hel anden tur. Som historiker er jeg fasci-neret af rammerne dengang, men som vandrer er jeg glad for nutidens muligheder.

Tilbage til nutiden og den genfundne Hærvej gik det gennem åbent landskab af marker med spredte gårde. Det blæste, og med mellemrum var der snefnug i luften. Pludselig var vi tilbage på Himmerlandsstien, der blødt bugtede sig mod endestationen i Viborg. Vi forlod den dog igen kort efter ved Undalslund, som er en større skov umiddelbart vest for Viborg. Som mange steder i området er den et resultat af skovrejsning på tidlige-re hede midt i 1800-tallet. Frokost indtog vi under en overdækning midt i skoven ved en malerisk skovsø. Det var et flot sted, men en bidende iskold vind fra søen spolerede oplevelsen. Midt i det hele sneede det pludselig regulært, dog uden at lægge sig.

Det var for koldt at sidde stille, så vi var hurtigt af sted igen. Selvom det havde været tørt den sidste måned, var stien langs skovsøen oversvømmet. Vi gik i stedet udenom inde i skoven, hvor en trampesti så småt var ved at tage form. Ud af skoven gik det langs haveforeninger til Viborgs vestlige industrikvarter. Herefter gik det ind mod den gamle by gennem uendelige villakvarterer. Det er altid en speciel oplevelse at gå ind i en større by fra de første huse i udkanten til centrum. Du fornemmer byens struktur, stemning og puls på en hel særlig måde.

Viborg er personligt, historisk og vandrermæssigt speciel. Annes familie kommer fra byen. Hendes tip-tip-tipoldefar var brændevinsbrænder og værtshusholder i Sankt Ibs gade i 1700-tallet. Hendes oldefar var brygger i Brænderigården ved Søndersø. Hendes farfar var politimand og morfar brandmand i byen. Hendes far er vokset op på Bøgevej i et villakvarter lige uden for den gamle bykerne, mens hendes mor er født i Gamle Vagt midt inde i den gamle bykerne. De er gift i Viborg Domkirke. Anne selv har som helt ung en kort periode arbejdet på Løveapoteket og boet i byen. Jeg på min side boede en kort tid i Sankt Mogens Gade, mens jeg arbejdede på Landsarkivet. Vi gik derfor gennem fragmenter af vores historie.

Danmarkshistorisk er Viborg den gamle centrale by i Jylland, hvor den oprindelige Hærvej havde sit udspring. Vi ville gerne have været inde i Domkirken, set Hærvejstæppet i Søndermarkskirken og fejret turen med en kold øl i kælderbeværtningen Latinerly midt i den gamle by. Alt sammen dog ikke muligt på grund af Corona. Faktisk var byens centrum helt mennesketom og spøgelsesagtig. Efter 15 kilometer i koldt og blæsende vejr endte dagens vandring ved Viborg Station.

Himmerlandsstien

Frokost

Forår og optimisme

Det var stadig Corona-epidemi, men modsat sidst var smitten i Danmark nedadgående og samfundet så småt ved at åbne. Der var dog forbud mod forsamlinger på mere end ti, og de mest smittefarlige steder var stadig lukket. Ligeledes var landets grænser lukket, og en række steder i verden bredte smitten sig voldsomt. Vi havde lejet et sommerhus og befandt os igen på Hærvejen.

Viborg - Skelhøje

18. maj 2020

Morgenen var overskyet og kølig. Vinterfrakken for halvanden måned siden var skiftet ud med regnfrakke, da der var varslet vedvarende regn. Vi var stået op klokken halv seks for at begynde tidligt og dermed vandre så længe som muligt i tørvejr.

Vi forsøger normalt at placere hviledage på de værste regnvejrsdage, selvom vandring i regn faktisk kan åbne for uventede oplevelser. På Drivvejen forrige år var vi således kommet ud i regulært skybrud. I landsbyen Asp søgte vi mod kirken i håb om et toilet. Det lå inde i en sognelænge, men da døren var åben, dristede vi os ind, selvom der var aktivitet i bygningen.

Fra at være kolde drivvåde vandrere ude i styrtende regn, sad vi kort efter lunt inde i konfirmandstuen nydende varm kaffe og ostemad. Omkring os var pludrende babyer og nybagte mødre til babysalmesang. Vores våde overtøj og sko tørrede i entreen. En utrolig sød dame havde budt os indenfor. Vi nød det og udvekslede erfaringer med vores vært om børnebørn og babysalmesang. Vi blev endog tilbudt et lift til dagens destination

Lemvig, men vi ville gerne færdiggøre dagens vandring. Efter godt en time stilnede regnen af, og vi tog en fin oplevelse rigere afsked med de rare mennesker.

Turen ud af Viborg var snørklet - men skiltet forbilledligt. Reelt er det muligt at gå det meste af Hærvejen udelukkende efter skiltningen. Alligevel var jeg glad for vores nye håndholdte GPS. Den er god at have på de fleste vandreruter, hvor både kort og skiltning ofte er mangelfuld. GPS'en er også en redningsplanke til at finde alternativ vej, hvis/når en vandrevej er spærret, du farer vild eller oplever uheld. Det er hertil rart at få optaget sin tur til evaluering og opbygning af historisk bibliotek over vandringer. Jeg købte straks en ny håndholdt GPS efter at havde mistet den gamle.

Ad en asfalteret sti med det passende navn Hærvejsstien kom vi gennem forstaden Liseborg til Viborg Plantage. Som alle plantagerne vest for Viborg er den tilplantet hede. I slutningen af 1700-tallet havde heden bredt sig helt ind til købstaden inden plantning af skov begyndte.

Fra en skovvej - med det særprægede navn Ballonhøjvej - havde jeg planlagt en afstikker ad en smal sti til et madpakkehus. Stien viste sig at gå gennem tæt bevoksning, over et væltet træ og krydse en vandfyldt grøft. Vi fandt dog huset, men desværre var nogle tagdækkere i gang med at skifte tagpap. Frokost under overdækning blev udskiftet med et gammelt lidt lurvet massivt træbord med tilhørende bænk tæt ved. Der var fugt i luften, og vi havde knap nået at spise færdig før regnen kom. Vi fik hurtigt pakket sammen. Ved siden af os pakkede håndværkerne også sammen, da tagpappen ironisk nok ikke kunne tåle regn før den var lagt.

De kommende timer tog regnen til. Den kom dog jævnt og stod lige ned, da det var helt vindstille. Vi var forberedte iført regnfrakke med opslået hætte og regnbukser, samt regnslag over vores dagtursrygsække. Terrænet ændrede karakter fra at være plant med lige skovveje til kupperet udfordrende med bugtede stier.

Vi gik tæt forbi Hald Hovedgård, som er en af den fem Hald´er, som er tre voldsteder og to herregårde for betydende adelsslægter med rødder helt tilbage til 1300´tallet. Området ved Hald Sø har sammen med købstaden Viborg siden vikingetiden været et trafikalt knudepunkt, da landevejen mellem Randers og Holstebro her krydsede Hærvejen. Borgene og herregårdene ved Hald er det magtmæssige resultat af områdets betydning. Hertil kan føjes, at vi kun var nogle få kilometer fra Finderup, hvor Danmarks sidste kongemord fandt sted.

Tæt ved landevejen mellem Viborg og Herning krydsede vi Alhedestien, som er vandresti mellem Viborg og Herning - og som Himmelandsstien tidligere jernbanelinje. Selvom regnen ikke føltes slem, trættede den og gjorde os kolde. Vi var imidlertid heldige at finde lidt læ på en lokal naturskoles shelter-plads. Her drak vi vores medbragte varme te og hængte det klamme tøj til luftning. Regnen trommede på taget og pjaskede i pytter udenfor. Efter en lille halv time blev vi enige om at gå videre.

Det gik stejlt ned mod Hald Sø forbi Niels Bugges Kro. Lige før kroen er et vandbassin, hvorfra vandet øredøvende bruser dybt ned mod søen. Det larmer faktisk så højt, at du tæt på næsten må råbe. Vi fortsatte ned til søen og videre langs den ad en mudret bakket smal sti. Udfordringerne tog til gennem halvøen Inderøs vildtvoksende skov.

Pludselig ændrede landskabet sig dramatisk til lyng og buske spredt ud på bjerglignende bakker. Vi var kommet til Dollerup Bakker. Det fantastiske landskab omkring Hald Sø er skabt under sidste istid, da to store gletsjere - fra henholdsvis Norge og Østersøen - mødtes og pressede landskabet sammen. Selve søen ligger i en tunneldal skabt af sammenpresset is og er ikke mindre end 31 meter dyb. Med tiden blev søens sider dækket af skov, men fældning og græsning af kreaturer ændrede det til hede. I dag er skoven genetableret bortset fra på Dollerup bakker, hvorfor det landskab som istiden skabte tydeligt ses her.

Dollerup Bakker var med sine stejle op- og nedstigninger hårde for mine ben. For ikke at falde, kunne jeg reelt kun bruge det ene ben til at gå opad og nedad, mens det andet og vandrestavene bare støttede. Oppe ved den om sommeren populær Dollerup Iskiosk, måtte jeg sidde og massere krampe ud af det overbelastede ben. Her er en imponerende udsigt ud over Hald Sø. Du kan køre herop i bil og parkere lige ved siden af, men når du er gået, får oplevelsen en helt anden dybde.

For enden af søen gik det fra landsbyen Dollerup et par kilometer op ad en grusvej jævnt stigende til Skelhøje. Målet for dagens vandring var 80 højdemeter over søens overflade. Det er et af landets mest markante landskabsskel, skabt da de to gletsjere trak sig tilbage ved istidens slutning.

I Skelhøje endte dagens vandring ved byens købmandsbutik, som er ejet af byens beboere og holdes i gang med deres hjælp. Her købte vi til aftenmad og fik en smilende bemærkning fra købmanden, at vi vist havde været ude i vådt vejr. Vi var atter i gang og havde gået 19 kilometer - det meste af tiden i regnvejr.

Skelhøje - Sønder Knudstrup
20. maj 2020

Efter en hviledag med besøg hos Annes forældre i Holstebro, gik vi i morgenkøligheden ud af Skelhøje. Under resten af dette vandreophold ville det være vanskeligt at binde start og mål sammen med kombinationen en bil og offentlig transport. Vi havde derfor lånt Annes forældres bil, så vi i stedet kunne gøre det med to biler. Det blev hurtigt lunt. En solrig dag lå foran os.

I Sjørup stod foran en gård et bord med bænke og et uimodståeligt skilt med en glad smiley om at tage et hvil. Det var for tidligt, men det var så rørende, at vi satte os lidt. Kort efter kom vi til Havredal Plantage, hvor en lille langhåret hund glad hoppede rundt i mudret vand inden den skulle ind i sine menneskers fine bil. I den efterfølgende Stendal Plantage vidste jeg, at der i nærheden af et vadested skulle være en shelter-plads. Jeg vidste ikke hvor, men heldigvis viste et skilt vej. Godt en halv kilometer fra stien var en solbeskinnet lysning i skoven med adskillige sheltere med borde og bænke. Som bonus var der en dagplejemor med fire små livlige unger, der lidt senere blev dubleret af endnu en. Vi havde gået i over to timer og trængte til frokost og hvil. Det blev en lang behagelig pause.

Tilbage på Hærvejen var den blevet til en sti på en stejl skrænt. På vores venstre side hævede skrænten sig med høje nåletræer mod himlen. På højre side var dybt nede den mange kilometer lange kløft Stendal, som længere fremme kaldes Ulvedal. På den anden side af kløften anedes nogle gårde, som er udkanten af den gamle Kartoffeltyskerby Havredal. En imponerende natur.

Efter at have krydset landevejen mellem Kjellerup og Skive, bevægede vi os ind i dagens tredje plantage - Ulvedal Plantage. Den både er og virker mere øde end de andre. Det var her Jens Langkniv efter overleveringen havde sin hule i slutningen af 1500-tallet. Hans eftermæle er en slags dansk Robin Hood, stærkt inspireret af en social roman om ham af Jeppe Aakjær. Reelt var han en fattig stakkel, som blev fredløs røver og endte sine dage med at blive henrettet.

Der var meget stille i skoven - eller rettere, der var som på hele turen et livligt fuglekvidder. Det var højsæson for kurmageri, redebygning og fugleunger. Midt på dagen kom et drøn fra himlen, og to F-16 kampfly fra den nærtliggende Flyvestation Karup passerede hurtigt over himlen - en på denne del af Hærvejen fast daglig oplevelse. På de sidste meter ud af skoven var nogle mosbeklædte tuer, som var tørre, bløde og behagelige at sidde og holde pause på.

Ude af plantagen gik det under skyfri himmel med varmende sol langs lysende gule rapsmarker. De kommende mange kilometer gik først ad en smal sti, som blev til markvej og endelig grusvej. Vi passerede en dyrepension, der tog sig af alt fra hunde, katte over høns, kaniner til heste. Derefter en gyllebeholder med en mængde slanger og rør stikkende ud til alle sider. Jeg konstaterede, at den da ikke lugtede, blot for at sluge ordene og holde vejret, da vi i det samme kom om i vindretningen. Vi passerede et ufatteligt rodet sted, hvor rusten skrot af enhver slags i enorme mængder bredte sig over et stort område.

Endelig kom vi ud til Sønder Knudstrup Rasteplads på den befærdede landevej mellem Viborg og Vejle. Her skulle dagens etape slutte og vores bil have stået! Jeg havde dog ikke været omhyggelig nok, hvorfor den stod parkeret på rastepladsen en kilometer før. Det var ikke alvorligt, da der var en bred græsrabat langs vejen at gå tilbage på. Jeg var dog sur på mig selv over fejlen, som viste, hvor vigtig omhyggelig planlægning er. Med den sidste kilometer langs tung trafik blev det til 20 kilometer.

Sønder Knudstrup - Bølling Sø
21. maj 2020

Vi fik reguleret vores beklædning i forhold til morgenkøligheden. Det går normalt udmærket løbende at få tøj og vejr afstemt. Vi har dog oplevet, at det var umuligt. På en vandring på Tenerife fra højdeplatoet omkring bjerget Teide i godt to kilometers højde ned til havets overflade gik vi ned gennem skyerne. Disse lå ikke fast i en bestemt højde, men bølgede ustandselig op og ned. Det ene øjeblik var det derfor ulideligt varmt, for straks efter at være klamt og iskoldt - og kort efter varmt igen. Så er beklædning på Hærvejen trods alt lettere.

Allerede efter mindre end en kilometer passerede vi Kong Knaps Dige. Ved vadestedet over Haller Å blev engang i jernalderen opført en omkring 200 meter langt forsvarsvold. Kong Knap er en gammel sagnkonge, mens diget i dag blot er en lav jordvold. Umiddelbart efter gik vi langs Grathe Hede, som af de fleste forbindes med kongemordet på Svend Grathe under magtkampen i 1100-tallet mellem Svend, Knud og Valdemar. Betegnelsen hede i forbindelse med Svend Grathe er dog misvisende, på hans tid var her skov, først med udpiningen af jorden i 16- og

1700-tallet blev det til hede. Både det gamle dige og senere magtkamp afslører, at området var vigtigt strategisk magtmæssigt. Et forhold der var knyttet til dets placering i forhold til passagen ned gennem Jylland og dermed Hærvejen.

Ved et højt trætårn med udsigt over heden, så vi et meget ungt par vandrer med en lillebitte hund løbende frem og tilbage mellem sig. Med dens små ben, forestillede vi os, at den måtte bæres en del af vejen. Bortset fra de tidligere nævnte vandrere udenfor Testrup, havde vi indtil da ikke mødt nogle på hele vores Hærvejsvandring, men her i Kristi Himmelfartsferien var der pludselig mange.

Dagens vandring var stort set udelukkende gennem skov. Først den store Kompedal Plantage, der som alle plantager i området er domineret af nåletræer. Navnet Kompedal kommer af, at den oprindelig var præget af vindblæste små bløde runde sandklitter, som de lokale mente lignede melboller. På lokal dialekt kaldes melboller kumper. Et lille skilt inde i skoven fortalte: "I slutningen af 1700-tallet drev 'kartoffeltyskere' Landbrug her, hvor der nu er skov". En sjov deltalte for os, da Anne er af Kartoffeltyskerslægt. Generelt var stierne og skovvejene ganske gode, men ind imellem krævede det adræthed og balance at komme forbi mudrede og oversvømmede stykker.

I udkanten af plantagen krydsede vi landevejen mellem Viborg og Vejle. Kort herfra spiste vi frokost på Christianshøj Shelter-plads under en livgivende varmende forårssol. Her holdt tre unge mænd/store drenge på Hærvejsvandring med fuld oppakning og dåseøl også pause. Efterfølgende i et sving, hvor et lille Hærvejsskilt om at dreje væk fra vejen let kunne overses, havde nogen lavet et kæmpestort træskilt med en pil og kunstfærdig påmalet tekst: Hærvejen. Disse nogen tog vare på, at vi ikke gik forkert. Kort efter passerede vi det første på vores vandring af Hærvejens let genkendelige depoter. Et skab med selvbetjening af sodavand, energibarer og lignende, som du for rimelige penge kan købe. Det noget specielle ved dette var en stor skibsklokke.

Gennem Stenholdt Krat går Hærvejen ad en gammel kirkesti for beboerne i landsbyerne Skygge og Klode Mølle til kirken i Kragelund. Stien blev brugt som sådan helt frem til for godt hundrede år siden, hvor Engesvang byggede en kirke. Stenholt Krat er på en lang strækning egekrat, hvor gamle fældede egetræer gennem århundrede har sat nye skud fra stubbene. Det betyder gamle krogede træer, som i princippet er ufatteligt gamle. Midt i skoven krydsede vi en forhøjet tydeligvis anlagt sti. På den havde tidligere været skinner fra en gammel tipvognsbane, som blev anlagt i forbindelse med mergelgravning en kort periode under første verdenskrig. Det sidste stykke gennem skoven var op og ned ad en masse små bakker ad en fascinerende skovsti.

Ude af skoven blev vi mødt af et vanddepot! En mand ventede på fire ultraløbere, som løb fra Viborg til Engesvang på Hærvejen i et hug. Vi fortalte ham, at vi havde brugt tre dage i moderat tempo. Han grinede og udbrød med henvisning til mine vandrestave, at jeg endda havde fire ben. Ned mod Bølling Sø holdt vi en kort pause på endnu en shelter-plads. To fædre med deres små drenge forberedte overnatning. Den ene af fædrene var Afghanistan-veteran og naturmenneske.

På det sidste stykke langs søen mellem nysgerrige får mødte vi flere vandrere. Da vi tidligt i morges stillede bilen på en parkeringsplads tæt ved søen, var der helt stille og øde. Turen derud havde været på en meget lang grusvej, og vi var enige om, at her kom næppe mange. Vi blev imidlertid forbløffede. Det var godt nok lun eftermiddag med over tyve grader, vindstille, lav sol på en skyfri himmel og ikke mindst Kristi Himmelfartsferie. Hele området var tæt fyldt med holdende biler. Overalt sad mennesker i små klynger. Nogle grillede og andre sad ved campingborde på klapstole og drak kold hvidvin. Det var fuldstændig surrealistisk. Efter lang tids Corona-isolation havde det gode vejr og lempede restriktioner nærmest åbnet en sluse, hvor alle flokkedes for at komme ud. Vi pakkede hurtig sammen og kørte. Vi havde gået godt 17 kilometer.

Bølling Sø - Sepstrup

23. maj 2020

Efter en dag med voldsom slagregn fra morgen til aften uden vandring, fortsatte vi, hvor vi slap ved Bølling Sø. Det var tidlig morgen, meget stille og som vanligt på dette tidspunkt ret så køligt. I en skovlysning passerede vi en morgenstille rasteplads, hvor sheltere og et lille grønt telt viste tegn på overnatning. Vådt tøj efter gårsdagens voldsomme regn hang på en lang snor. Vi skuttede os i morgenkøligheden - taknemmelig over vi sprang dagen i går over.

Kort før Tollund passerede vi en gård med glade grise rodende i en stor mudderpøl. Gården havde en Corona-lukket kaffestue. Vi forestillede os, at i en højsæson for vandring uden Corona, ville der være masser af liv. Efter et par timer nåede vi mellem Kirke Funder og Engesvang få hundrede meter fra Hærvejen vores lejede sommerhus. Her holdt vi luksushvil med varme fiskefrikadeller og friskbrygget kaffe på terrassen, mens strømper og T-shirt luftede i solen.

Pausen blev lidt længere end sædvanlig, men afsted igen kom vi. Det følgende stykke ned gennem Funder Ådal forbi Hørbylunde er nærmest i bjerglandskab. På en skrænt gik vi under den enorme bro, som motorvejen mellem Silkeborg og Herning går tværs over dalen på. Lidt senere passerede vi den gamle landevej, som motorvejen erstattede. Her går vandreruten på en skovsti langs vejen, så du ikke skal gå på den trafikerede vej, men blot krydse den et velvalgt sted. Stor ros til folkene bag Hærvejen for at skabe en sikker vandrevej.

I bunden af dalen gik vi ind på en asfalteret sti hævet på en vold i skovlandskabet. Vi var nået Den Skæve Bane, som er endnu en nedlagt lokal jernbane fra forrige århundrede omdannet til vandresti. Togbanen gik mellem Silkeborg og Grinsted, mens vandrestien kun går fra Funder til Brande. På en shelter-plads tæt ved stien holdt vi et mindre hvil. Her faldt vi i snak med et par, som havde brugt Kristi Himmelfartsferien til en Hær-vejstur fra Viborg til Vrads. Det var deres telt og våde tøj, som vi havde set om morgenen. De havde store rygsække med fuld oppakning inklusiv Irish Coffee til om aftenen. Vi mødte dem igen sidst på dagen, hvor de købte alle chokoladebarene i et Hærvejsdepot til opladning af energini-veauet.

Vi fulgte kun banestien kort, så gik det ad mudrede stier. I udkanten af skoven var hestefolde og skilte med teksten Nottingham og Sherwood Skoven. Forklaringen fandt vi ud af var, at området er turiststed for kørsel med prærievogne om sommeren. Hvad prærievogne og engelske skove så har med hinanden at gøre, skal være usagt. På vej ind i landsbyen Sep-strup var en flok unge højlydt i gang med fodboldgolf.

Ved herberget i udkanten af byen forlod vi Hærvejen og gik til vores parkerede bil ved Brande Kirke. Jeg ved godt, at det med Brande lyder underligt, da byen vi forbinder navnet med ligger mere end 30 kilometer herfra. Nogle få huse og en kirke mellem landsbyerne Sepstrup og Gjessø hedder imidlertid også Brande. Ligesom kirken netop var genåbnet efter Corona-lukning, var dens toilet også igen åbent. Det var dejligt, da der i mange måneder ikke havde været offentlige toiletter overhovedet. Dagens vandring havde budt på godt 18 kilometer.

Sepstrup - Vrads
25. maj 2020

Dagen indledtes med at gå fra Brande Kirke tilbage til Sepstrup og Hær-vejen. Herfra gik det gennem Skærbæk Plantage mod Vrads Sande. Plan-tagen er stærkt kuperet med terrænforskelle på op til 60 meter. Den består af sand med en blanding af nåleskov og hede med lav bevoksning. Det er ikke helt ulig vores hjemlige Tisvilde Hegn - dog større og mere øde. Vores sti bugtede sig nænsomt gennem terrænet, mest i dalsænkninger, hvilket reducerede turens antal højdemeter. Et kort stykke ved vadestedet over Salten Å nær Ansø kom vi ud på asfaltvej, men ellers var det udelukkende sandede stier og grusveje. Ved åen passerede vi Ansø Mølle i skikkelse af to skumle faldefærdige forladte huse i en fabelagtig natur.

På en lun plet lå en snog og varmede sig i solen, men forsvandt lynhurtigt da den fornemmede os. Vi havde tidligere set stålorm på vandringen, men havde stadig hugorm til gode. Da vi ledte efter lange fordybninger i en granplantage ved Bødskovdal - som skulle være rester af gamle hulveje - gled jeg på nogle våde rødder, som lå skjult i skovbunden. Selvom det så dramatisk ud, slap jeg med lidt ømhed. Her uendelig langt fra alt, er det vigtigt ikke at komme til skade. Efter godt to en halv times vandring spiste vi frokost på en shelter-plads ved siden af et stort meditationscenter med fin udsigt ud over hede.

Det følgende stykke regnes for noget af Danmarks mest specielle natur. Vrads Sande er indlandsklitter, hvor terrænet er formet af de lokale bønders kamp mod tidligere tiders ufattelige naturkatastrofe - sandflugten. Sandhegn og sanddiger til bekæmpelse af det fygende sand har skabt sælsomme bakker, hvor rester af gamle vejspor gennemskærer vegetationen. Lyng, revling, græs og enebærbuske har i dag tæmmet sandet. Klitter og tuer af hjælme afslører dog, at der er sand under. Fra Vrads Sande gik det stejlt op mod Bredlund Plantage, med Anne ubesværet gående, og jeg pustende følgende efter!

Ved Store Bredlundsvej forlod vi Hærvejen og gik ind til Vrads. Byen er gammelt lokalt centrum for området, hvor der var tingsted og senere sognekommune. Alligevel var det en lille fattig by - ikke mindst på grund af sandflugten. I dag er der godt et par hundrede beboere. Den fine kirke midt i byen er bygget i slutningen af 1500-tallet af indsamlede marksten.

Vi havde glædet os til at slutte dagen med en kop kaffe i byens lille købmandsbutik, som er mere cafe, museum og souvenir-shop end dagligvareforretning. Den havde imidlertid her før sæsonen kun åbent i weekenderne. Dagens tur havde været på godt 14 kilometer.

Vrads - Nørre Snede
26. maj 2020

Starten i Vrads var med tæt og klam tåge, men allerede udad byen begyndte den at lette. Lunt vejr med sol og skyer tog over - om end lidt langsommere end de forgående dage. Det meste af dagen gik gennem øde skov, først Grane Plantage og derefter den store Palsgård Skov. Sidstnævnte er områdets ældste plantage fra begyndelsen af 1800-tallet, anlagt på udpinte hedejorde fra små fattige brug.

Da vi dybt inde i området kom ud fra tæt skov til en skovvej, mødte vi en midaldrende dame. Hun udbrød spontant, at vi havde frelst hende. Hun havde fortvivlet stået med Hærvejsapp'en på sin telefon, som viste ind i et tæt krat. Hun havde været så fokuseret på stedet, at hun ikke havde fået øje på det lille Hærvejsskilt tyve meter til højre for hende. Vores tilsynekomst afslørede den rigtige vej. Jeg sendte en venlig tanke til vores GPS, som viser hvor du er, betydeligt mere præcist end en telefon.

Hun havde fuld oppakning med telt og kogegrej. Hendes udstyr virkede meget professionelt og afslørede, at hun ikke var nybegynder. Hun boede i Sønderjylland og havde afsat seks uger til vandring på Hærvejen. Hun ville så se, hvor langt hun kom. Det var hendes ellevte dag. Hun havde dog måtte holde en hviledag undervejs på grund af vabler. Vi fortalte om vores mere luksuøse vandring med sommerhus og hviledage.

I en lysning i skoven ud for Torup Sø holdt vi frokostpause på områdets eneste shelter-plads. Herefter gik det gennem skov igen. Efter næsten tre timer uden beboelse dukkede de første huse siden Vrads op. Senere dukkede en parklignende velholdt græsplane og et stort hvidt hus op. Foran huset blev vi tituleret som glade vandrere af en glad mand, som dog i det samme blev optaget af en besøgende. Da vi kom om på den anden side af huset, opdagede vi til vores overraskelse, at det var herberg. Nørhoved Hærvejsherberg var flot. Udsigten fra det ud over bakker og marker var imponerende. Vi gik ud i og gennem udsigten.

Det følgende stykke var jævnt fordelt mellem skov og åbne arealer i et kuperet terræn. Vi passerede Boest Mose. Gik ad stier med knaldgule og enkelte orange gyvler. Fuglene kvidrede og solen skinnede. Det var lunt. Det endte brat ved den trafikerede hovedvej mellem Nørre Snede og Horsens. På den anden side af vejen fortsatte vi ad en sti højt i terrænet, som afslørede et imponerende panorama mod Nørre Snede.

Det sidste stykke mod byen gik ad først en sti på en stejl skrænt og senere gennem meget våde vådarealer. Vi gik ind i Nørre Snede i et industriområde totalt domineret af en bilforhandlers ufattelig mange biler og videre ad hovedgaden, som stort set kun var en kæmpe blomsterbutik og et lille værtshus. På byens torv satte jeg mig på en af de mange opstillede gule metalstole, mens Anne købte det sidste til aftensmaden i Brugsen.

På kirkegården gik vi forbi sagnkongen Snios Høj, som ifølge overleveringen har givet navn til byen. Det var lidt vemodigt, at det var sidste tur i denne omgang. Selvom Corona stadig gennemsyrede alt i dagligdagen, havde den ikke fyldt nær så meget som under sidste vandreophold. Vi havde set mange mennesker og mange vandrere. Dagen havde været på godt 16 kilometer, og vi var kommet omkring halvvejs på vores Hærvejsvandring.

Dollerup Bakker og Hald Sø

Hærvejsdepot

Højsommer og midtvejs

Det lignede hverdag igen - og så ikke. Vejene var trafikeret som før Corona-epidemien, byerne myldrede med mennesker og hotellerne var åbne. Omvendt var der håndsprit overalt, for et stort flertal en usagt aftale om social afstand og mange danskere ferierende i Danmark. Vi benyttede os af det lave smittetal og de genåbnede hoteller. Med det udgangspunkt gik vi i gang med anden halvdel af vores vandring på Hærvejen.

Nørre Snede - Kollemorten
24. juni 2020

Dagen begyndte på Nørre Snede busstation i behagelig morgenkølighed, men inden vi kom den korte vej ud af byen, forandrede det sig til omklamrende varme fra en bagende sol. Vores modtræk var korte bukser, luftig T-shirt, kasket i tyndt stof og solbriller. På fødderne havde jeg stadig vandrestøvler, mens Anne gik i vandresandaler. I min dagtursrygsæk var hovedindholdet to liter koldt vand og solid madpakke.

Ude af byen snor Hærvejen sig ad stier i voldsomt kuperet terræn omgivet af stejle skrænter med høje grantræer. Der er lidt bjerglandskab over området, som blev dannet, da enorme gletsjere fra øst under sidste istid skubbede jorden foran sig som en vold og stoppede her. Denne del af den jyske højderyg er flere steder over 120 meter over havets overflade. Vi krydsede under en række hovedveje væk fra byen. Herefter gik det sydover gennem Østerskov.

Et par kilometer gik vi ad et smalt fordybet spor med huller og trærødder - ikke bredere end bredden på min vandrestøvle. Udenfor sporet var der til den ene side en lumsk fordybning under græsset, til den anden elektrisk hegn. En imponerende udsigt dukkede med mellemrum op mod Rørbæk Sø langt nede i bunden af landskabet. En markant sø skabt af en kæmpemæssig isblok ved sidste istids afslutning.

Snart kom vi ud på en bred plan grusvej. Vandreruten Hærvejen havde nået vejen Hærvejen. Vi kunne et par hundrede meter nord for os se, hvor den begyndte som sidevej fra hovedvejen mellem Nørre Snede og Horsens. Den går herfra ubrudt mod syd gennem Kollemorten, over Randbøl Hede ned til nord for Bække - en strækning på godt 40 kilometer. Undervejs er den både grusvej, mindre asfaltvej og befærdet hovedvej. Den hedder Hærvejen hele vejen, bortset fra en mindre strækning undervejs vest for Jelling, hvor den hedder Gammel Viborgvej.

Den følger meget godt den historiske Hærvej, der som tidligere nævnt fulgte den jyske højderyg for at undgå stejle skrænter og vådområder. Vandreruten Hærvejen går derimod en omvej mod øst gennem netop udfordrende skrænter og vådområder ved Jelling og i Vejle Ådal. Selvom det ikke er et historisk korrekt forløb, glædede vi os til den kultur og natur, som denne del ville byde på.

Vi formulerede to ønsker til frokostpause: Skygge og uden insekter. Vi blev enige om, at bare et af punkterne kunne opfyldes, var vi tilfredse. Endnu engang var vi heldige. Vi fandt bord og bænk under et par træer ud til en åben mark, der opfyldte begge.

Det følgende stykke kaldes Jyllands hjerte. Her går Hærvejen tæt forbi det store vandskel, som er to kilder med et par hundrede meters mellemrum, der er udspring for henholdsvis Gudenåen og Skjern Å. Gudenåen løber mod øst og bliver til Danmarks længste å. Skjern Å passerer Hærvejen som spæd bæk og løber mod vest ud i Rørbæk Sø, for siden hen at blive et stort snoet delta ud i Ringkøbing Fjord. Vandskellet er også grænsen mellem Region Midtjylland og Region Syddanmark - endnu en milepæl på vores vandring. Vi havde set kilderne for mange år siden, da vores børn var små, og havde en lang vej foran os, så vi fortsatte.

Lidt efter passerede vi Margrethediget, der - ligesom det tidligere

Kong Knaps Dige - nu blot er en lav jordvold. Det har imidlertid været en 300 lang og halvanden meter høj - formentlig med træpalisader - spærring af Hærvejen engang i jernalderen. Uanset om det var et værn mod fremmede hære eller til at kontrollere handelsvejen, viser det Hærvejens betydning. Den største kendte spærring af Hærvejen, er i øvrigt Dannevirke syd for den Dansk-tyske grænse.

Grusvejen var lang og solen bagte ubønhørligt. Mit hoved trængte til hvil og skygge. Vi regnede ikke med et godt pausested før Øster Nykirke sidst på dagens vandring. Vi blev derfor glædelig overrasket, da der ud af ingenting ved et T-kryds pludselig stod et par borde og bænke i skyggen af et stort træ. Grusvejen var netop kommet ud fra skov og krat, og vi havde fri udsigt langt ud i landskabet.

Umiddelbart efter pausen kørte en bil tæt forbi os med vanvittig høj fart i det løse grus. Det var totalt hensynsløst, men desværre et tema på det sidste af turen. Både på den stejle smalle asfaltvej op mod Øster Nykirke og ind i Kollemorten mødte vi yderligere vanvidsbilister.

Dagen endte efter godt 18 kilometer i et lille anlæg i Kollemorten. Det lidt specielle bynavn kommer angiveligt fra den katolske helgen Martin af Tours, som lokalt blev kaldt Kolde Morten, fordi han døde en kold vinterdag! Det er i øvrigt ham med Mortens Aften. Vi havde gået alt andet end en kold vinterdag - det havde været over 25 grader.

Kollemorten - Jelling
25. juni 2020

Efter et par hundrede meters vandring i Kollemorten drejede vi ud af byen på en markvej og gik langs marker. Solen varmede allerede fra morgenstunden. Kornet var ved at modnes og bølgede i vinden, hvilket gav et overnaturligt blinkende genskin i solen. Grøftekanterne var et orgie i klare farver af små gule, blå og røde blomster. Vi gik gennem gårdspladser. På en mark var æsler med føl, men ellers var det næsten udelukkende store besætninger af malkekøer.

Efter en time passerede vi under den Midtjyske Motorvej. Her var øde og stille - altså bortset fra den larmende motorvej. Snart efter var vi atter på den tidligere omtalte vej Hærvejen. Øst for Givskud holdt vi frokostpause på en lille parkeringsplads. Der var hverken skygge her eller på den nærliggende shelter-plads, men her var ingen insekter, det var der på shelter-pladsen.

Efter pausen blev vi langsomt men sikkert overhalet af to tavse mænd. De kommenterede vejret. Nogle hundrede meter efter indhentede deres konstant snakkende koner os, som ligeledes kommenterede vejret - og ja det var varmt. Det var ikke mange vandrere, som vi mødte under dette ophold. Nogle af dagene delte vi imidlertid rute med Hærvejens cykelrute, og dem mødte vi til gengæld en del af. En sjov detalje var, flere unge par med pigen cyklende forrest smilende med let oppakning og manden bagefter tungt læsset. Vi passerede også en række enlige mænd. Detaljen var her mangfoldighed - en var ung, en gammel, en fysisk udfordret og en drønede afsted. Vi så endelig flere familier med børn. Alle de cyklende vi mødte, var med fuld oppakning. Cykling på Hærvejen må være populært.

Ved rastepladsen bag Harresø Kro holdt vi trods manglede skygge en kort pause for at drikke nok i varmen. Det gik så ad små stille veje gennem landbrugsland i eftermiddagsheden. Et par kilometer før Hygum var et gammelt nedlagt busskur. Kønt var det ikke med graffiti og ukrudt, men det gav skygge, var uden insekter og havde en smal bænk at sidde på. Her kølede vi lidt ned fra heden og drak vores sidste vand.

Mit hoved var udfordret af sol og varme, hvilket gjorde det hele lidt uoverskueligt. Jeg fokuserede derfor på et overskueligt delmål. Helt konkret tænkte jeg, at der var var ikke længere til Jelling fra busskuret end vores faste hjemlige gåtur på små fem kilometer - og den er da ret overskuelig. Jeg er mig dog meget bevidst, at det er ok noget er hårdt. Det føles godt at overvinde sig selv og tage sådanne oplevelser ind.

Vi kom ind i Jelling ved de høje slanke hvide sten, som markerer, hvor der engang var palisadehegn omkring kirken og gravhøjene. Inden vi sluttede turen, beundrede vi Jellingestenen, hvor Danmark nævnes for første gang. Turen havde været på knap 21 kilometer i mellem 25 og 30 grader med sol fra en skyfri himmel.

Jelling - Kærbølling
26. juni 2020

Tredje dag i træk i bagende sol kulminerede med tæt på 30 grader. Heldigvis var dagen planlagt kort, da den skulle passe med transport i forhold til den følgende tur gennem Vejle Ådal. Ud af Jelling gik det på grusvej gennem skov i stærkt kuperet terræn. Vi krydsede nogle dybe hulveje, som var gamle veje i retning mod den oprindelige Hærvej vest for Jelling. Efter blot en time holdt vi frokostpause med udsigt over Fårup Sø, hvor der stemningsfuldt er placeret et vikingeskib. Grunden til den tidlige pause var, at vi ikke regnede med egnede steder før sidst på turen.

Efterfølgende gik vi i rabatten af små veje i landlige omgivelser resten af dagen. Det var ganske trygt, da vi kun mødte få biler. Vejen bugtede sig højt i terrænet med udsigt til fantastiske panoramaer. En mand - der slog højt græs med le uden for sit hus - skulle lige høre om vores tur. Umiddelbart før dagens endemål var opstillet en bænk med en enestående udsigt mod Grejsdalen med Vejle by og fjord i baggrunden.

Pludselig var vi i Kærbølling ved vores bil. Dagens vandring havde været - og føltes - meget kort med blot 9 kilometer på let underlag. Den havde dog været med rigtig mange højdemeter og rigtig meget varme. Jeg havde tillige fået en vabel - ikke på foden men på benet. Jeg havde ikke opdaget et myggestik, som den øverste kant af støvlen så havde gnedet mod.

Jeg har tidligere døjet med vabler, men har fundet nogle forholdsregler, der virker for mig. Herefter får jeg praktik taget aldrig vabler. Først og fremmest bruger jeg vandrestrømper i uld. Ud over god komfort, forbliver strømper og dermed fødder tørre, hvilket nedsætter friktion og dermed risikoen for vabler. Derudover har jeg rene sokker med til hver vandredag. Ikke så meget af hygiejniske grunde, men en nyvasket blød strømpe nedsætter ligeledes friktion. Endelig vurderede jeg nøje ankelstøtte, bredde, svang, stødabsorbering, åndbar- og vandtæthed i forhold til mine fødder og mit brug, da jeg senest købte vandrestøvler. Forskellige vandrestøvler har forskellige egenskaber. En veltilpasset og velfungerende støvle nedsætter ikke bare risikoen for vabler, men også skader.

Kærbølling - Nybjerg Mølle
1. juli 2020

Vejret var slået om. Varmen var afløst af ustabil kølighed. Temperaturen var halveret. Himlen var overskyet og fugten hang tung i luften. Påklædning var skiftet til regnfrakke, trøje, lange bukser og regnslag over dagtursrygsækken.

Vejen gik stejlt ned i Vejle Ådal. Helt nede gik vi ind på Bindeballestien, som er endnu en gammel nedlagt jernbane omdannet til vandresti. Banen gik fra Vejle over Vandel til Grinsted. Vandrestien går dog kun fra Vejle over Bindeballe til Billund. Den går gennem Vejle Ådal og byder på fantastisk natur. Uanset om det er skov, græsningsarealer eller åbne vådområder fornemme du hele tiden vandets kluggen fra åen, der løber parallelt og flere steder krydser stien under broer. I siderne af dalen hæver skrænterne sig trædækket højt mod horisonten.

Efter en time nåede vi Vingsted, hvor dalen gennemskæres af en trafikeret hovedvej. Her er kursuscenter, stort dambrug og frilandsmuseet Vingsted Jernalderby - og ikke så meget mere. Vi nøjedes med at stå i læ for en mindre byge under hovedvejsbroen. En time senere nåede vi Ravning Station, hvor vi havde planlagt frokost. En bus fuld af mennesker optog imidlertid alle de mange borde og bænke. De skulle heldigvis hurtigt videre, så vi fredeligt kunne nyde vores mad med udsigt ud over dalen.

Ravning er dalens bredeste sted på over en kilometer, men har samtidig dalens mest faste bund. Harald Blåtand byggede derfor omkring år 980 en ikke mindre end over 760 meter lang og 5 meter bred træbro over dalen. Den blev bygget af op til 6 meter lange enorme stolper - et næsten ufatteligt stort projekt. Tæt ved stationen er rekonstrueret en stump af broen, som selvom den blot er omring fem meter lang, er den dybt imponerende. I den gamle stationsbygning er en udstilling om broen og den meget senere jernbane.

Efter pausen passerede vi nogle afsides huse, en flok får og en række mindre dambrug. Senere på eftermiddagen blev vi overhalet af to yngre hyggelige fyre, som var på træningstur med fuld oppakning fra Vejle til Vojens. De skulle senere på sommeren have konerne med ud på Gendarmstien nede ved grænsen til Tyskland. Konerne ville gerne på Bed and Breakfast, men de var nu mest til telt og shelter. Vi fortalte om vores tur. Senere overhalede vi dem igen, da de holdt pause. Jeg råbte til dem: "Vi ses, når I overhaler os igen!" Vi så dem nu ikke igen.

Vi drejede væk fra Bindeballestien kort før Bindeballe Station. Den er ellers et spændende købmandsmuseum, cafe og overnatningssted. Vi ville gerne have set den, men det ville forlænge turen med godt tre kilometer - og regnen var åbenlyst på vej. Stien ændrede sig nu til et ujævnt sandet spor gennem skov, og snart gik det opad. Vi var begyndt opstigningen fra dalen. I begyndelsen var regnen stille, men omkring Spjarup små tre kilometer før dagens slutning tog den til.

Kort efter forlod vi Hærvejen for at gå til turens eneste mulige busstoppested ved Nybjerg Mølle. Her havde vi taget bus om morgen mod etapens startsted, hvorfor vores bil stod en lille kilometer herfra. På et kort havde jeg set en sti til stoppestedet langs den befærdede og snoede landevej. Virkeligheden var imidlertid, at vi måtte gå forsigtigt direkte i vejsiden i voldsom tiltagende regn. Ved Nybjerg Mølle søgte vi ly i et overdækket busskur og afventede, at regnen skulle stilne af. Det gjorde den ikke! Den udviklede sig i stedet til regulært skybrud, som bare fortsatte og fortsatte. Til sidst valgte vi at tage regnslag over os, og kæmpe os gennem slagregnen op ad en stejl bakke til vores parkerede bil. Det var som at gå i et lavvandet vandfald med strømmede vand over støvlerne og ned ad vejen.

På trods af den våde afslutning havde det været en god og flot dag på godt 18 kilometer. Havde regnen været i begyndelsen, havde vi skulle gå med vådt tøj hele dagen. Nu kunne vi tage hjem på hotellet, få et varmt bad og tørt tøj.

Nybjerg Mølle - Bække
2. juli 2020

Det var ikke varmt, men tørvejr og behageligt vandrevejr. Som vanligt skulle jeg bruge tid på at få benene i gang. Når musklerne er varmet op og løsnet, forbedres min gang og tempo betragteligt. En forvandling fra gangbesværet til nogenlunde pænt gående, dog kun så længe kræfterne rækker. Jeg havde god rytme i vandrestavene, og vi kom ind i et stabilt tempo.

Vi gik som ofte før ad små veje langs marker, spredte huse og gårde. Efter en god time kom vi til den tidligere omtalte vej Hærvejen. Denne gang krydsede vi den dog bare, da den her er befærdet hovedvej ganske uegnet til vandring. Tæt ved Ølgård Hærvejsherberg fandt vi i mangel af bedre en improviseret forhøjning at sidde og spiste frokost. Det næste lange stykke lignede det foregående. Ikke at det gjorde noget, der er masser af indtryk og små oplevelser i det åbne landbrugsland. Efter yderlige halvanden time nåede vi Fitting, hvor vi drak resten af vores vand i en lille grøn lund.

Da vi var kommet i gang igen, sagde jeg frimodigt, at dagen åbenbart skulle gå nemt på asfalt ad små veje. Straks efter dukkede en stenet bred grusvej op, og den sidste tredjedel af turen blev på sådan. Det stabile tempo faldt betragteligt. Vi passerede en stor gård med tre gigantiske lange husdyrbygninger, samt en tankvogn fra det lokale grovvareselskab, der under øredøvende larm pumpede foder i nogle kæmpe beholdere. Sidenhen fandt vi ud af, at det var opdræt af slagtekyllinger. Den lille familiegård på landet var blevet kæmpestor industrivirksomhed.

Tæt på Bække passerede vi et par fascinerende fortidsminder. Hamborggårdstenen er en kæmpe vandreblok. Den er omkring 3 meter høj, 4½ meter i brede/dybde og vejer 50 tons. Den kom hertil med isen under sidste istid. Den imponerer ikke mindst fordi, at den er gravet fri og ses i sin helhed. Et par små hårdføre blomster voksede direkte på stenen uden skyggen af jord. Nogle kilometer længere fremme ligger to bronzealdergravhøje på hver side af en fin 45 meter lang skibssætning, der har en stor runesten som bov. Den er fra vikingetiden og bestod oprindelig af 60 høje kampesten, men da langt fra alle disse er fundet, er sat store metalplader ind som erstatning for de manglende sten. Det giver et flot helhedsbillede af skibssætningen. Paradoksalt nok menes det, at det er placeringen af en gammel Hærvej, der har ødelagt den vestlige side af skibssætningen.

Efter 17 kilometer sluttede dagens vandring i Bække på det lille lokale turistkontor, som har er en permanent udstilling om Hærvejen. Her blev vi hjerteligt modtaget med håndsprit, kaffe og snak om vores tur. Vi hørte om andre besøgendes oplevelser. Vores værter fortalte også om deres arbejde på stedet. De er en gruppe frivillige, som holder liv i turistkontor og lokalarkiv. Det er ildsjæle som dem, der holder liv lokalsamfund.

Bække - Vejen

3. juli 2020

Sidste vandredag under dette vandreophold begyndte med mørke skyer og støvregn. Mere opmuntrende end vejret var dog en mægtig runesten og flot Hærvejstavle i keramik ved Bække Kirke. Ud af byen gik vi ad en bred cykelsti langs hovedvejen mod Brørup. Den var let at gå på, men lidt ensformig og med larm fra biler. Efter et par kilometer kom vi gennem en lille by Asbo, for herefter blot igen gå ad en tilsvarende bred cykelsti, nu bare i stedet langs hovedvejen mod Vejen.

Vi gjorde holdt i Læborg, hvor Kirken har en berømt runesten, der er ornamenteret med noget så sjældent som to thorshamre. I inskriptionen på stenen henvises til en dronning Thyra, som der selvfølgelig gættes på er Gorm den Gamles dronning. Hermed kan det næsten ikke blive større! Bagerst på kirkegården fandt vi en bænk, hvor vi spiste frokost skjult mellem nogle buske og med fin udsigt.

Ud af Læborg mødte vi en ældre dame, der gik tur med sit barnebarn. Hun gav os et tip om at tage asfaltvejen lige ud, så blev vi fri for en besværlig markvej. Vi ville dog netop gerne besværlige markveje og anderledes oplevelser. Den førte os gennem en gårdsplads med fredelige logrende hunde og siden helt tæt forbi en kolossal minkfarm, som trods sit meget velholdte ydre lugtede ret intens. Ved indkørslen til gården havde den stolte ejer fint udførte støbejernssilhuetter af mink.

På en lang lige asfaltvej nød vi flotte skyformationer, en jagende tårnfalk, lavtflyvende svaler, viber på marken og lærken der skruede sig op i himlen med sin karakteristiske sang. Snart var vi dog tilbage på den velkendte cykelsti langs hovedvejen mod Vejen. Ind i byen fulgte vi Vejen Å, først under motorvejen mellem Kolding og Esbjerg, så videre gennem boligkvarter. Ind i bymidten ville vi holde en sidste lille pause ved kirken, men her var begravelse, så vi satte os på en bænk i et lille anlæg overfor.

Svalen havde fløjet lavt og skyformationerne trukket sig mørkt sammen, alligevel havde vi - bortset fra lidt støvregn i starten - gået hele dagen i tørvejr. Faktisk var det blevet helt godt vejr. Alligevel havde svalen og skyerne selvfølgelig ret, for allerede i bilen på vej mod hotellet begyndte regnen. Herefter regnede det konstant og intenst til vi skulle hjem halvandet døgn senere. Vi trøstede os med, at vi havde nået de planlagte ture under opholdet, og dagen havde bragt os godt 14 kilometer videre.

Skodborg Pilgrimshytte

Immervad Bro

Sensommer kulde og varme

Det havde været sommer med lav Corona-smitte, der næsten bragte en almindelig hverdag tilbage. Vi havde holdt pause fra Hærvejen og været i sommerhus med børn og børnebørn. Corona-sanktionerne var blevet lempet - flere kunne samles og mange skulle indhente de i foråret aflyste fester. Vi havde af respekt for smitten holdt os fra for mange kontakter, men - som under hele Hærvejsvandringen - holdt os i gang med lokale vandreture. Jeg havde dog problemer med ben og ryg efter næsten et halvt års Corona-lukning af vores styrketræningscenter.

I sensommeren var vi tilbage på hotel og Hærvej. Op til og under opholdet steg smittetallet imidlertid kraftigt i hele landet. Et par timer efter vi tjekkede ud og rejste hjem, trådte nye strenge restriktioner i kraft blandt andet med indskrænkning på størrelsen af forsamlinger, og påbud om brug af mundbind på restaurationer og barer, når man ikke sad ned. Mundbind i offentlig transport havde et stykke tid været påbudt, så det havde vi vænnet os til.

Vejen - Skodborg
14. september 2020

Dagen begyndte på Vejen Station i encifrede grader og en tæt klam tåge. Allerede ud af byen gennem Grønvang Skov klarede det dog op. I Askov efter blot en halv time måtte jeg tage en mellemlagsbluse af, hvilket fortsatte lag for lag, til jeg sidst på dagen med omkring 25 grader kunne nøjes med en luftig T-shirt.

Vandreopholdet var præget af voldsomme temperaturforskelle. Under sådan forhold har jeg svært ved at regulere beklædning. Når dagen begynder køligt, er varm og tæt beklædning nødvendig. Når det bliver varmere op af dagen, sveder jeg kraftigt og mit tøj bliver fugtigt. Bliver vejret så igen køligere, bliver jeg på grund af det fugtige tøj kold. Temperaturregulering er et problem for mig - og vel i et eller andet omfang for mange.

Tøj i kunststof har evnen til god ventilation og hurtig tørring. Det er rigtig gode egenskaber. Er det lukket inde bag ydre tøj, ventilerer og tørrer det dog ikke. Jeg havde derfor til denne tur anskaffet T-shirts i merinould. De opsuger sved, samtidig med de forbliver tørre og lune, selvom de er lukket inde bag ydre tøj. De virker fantastisk! Er det imidlertid så varmt, at jeg kun har T-shirt på, er ulden ikke stærk nok til dagtursrygsækkens skulderremme. Så skifter jeg til en medbragt T-shirt i kunststof, som i den situation også er mere luftig.

På Hærvejen gik vi denne dag gennem danmarkshistorie. Først kom vi forbi Askov Højskoles kendte vartegn "Tårnet" med det pyramideformede klokkespil. Askov Højskole er en videreførelse af det danske kongerigets første folkehøjskole i Rødding. Efter tabet af hertugdømmerne i 1864 - og dermed Rødding - flyttedes højskolen til Askov på den danske side af grænsen. Det er måske landets mest kendte højskole, både som forgangshøjskole og på grund af de mange tilknyttede kendte danske forfattere gennem tiden.

Efter en times vandring kom vi gennem Skibelund Krat og dermed historien om det nationale tilhørsforhold i det daværende Nordslesvig. Her holdtes før genforeningen i 1920 legendariske velbesøgte grundlovsmøder med dansksindede fra begge sider af den dansk-tyske grænse - som da var Kongeåen blot en kilometer syd for. Betydningen i Sønderjylland af genforeningen kan ikke overvurderes, og Skibelund Krats symbolværdi er kæmpe stor.

Kort efter nåede vi Kongeåen. Her blev vi betaget af et smukt gammelt hus i kampesten. Hans Diderik Kloppenborg var indædt modstander af den førte preussiske politik og kultur i det daværende Nordslesvig, efter dets indlemmelsen i det tyske rige. Han søgte derfor tilflugt på den danske side af grænsen. Her byggede han huset og kaldte det provokerende "Frihed". Vi krydsede Kongeåen på Frihedsbroen, som selvfølgelig er opkaldt efter huset. Broens røde og hvide gelænder er en hyldest til den dengang nationale kamp. Alt fra kaffestel over døre til blomsterbede var da i rødt og hvidt hos dansksindede. På den anden side af broen var en veludstyret rasteplads. Her holdt vi frokostpause.

I højt solskin gik det bagefter østpå langs åen på et stykke, hvor Hærvejen deler vandrerute med Kongeåstien. Vi passerede et afsidesliggende hyggeligt udseende Hærvejsherberg. Da vi krydsede landevejen mellem Vejen og Skodborg, stod nogle damer i vandretøj. De havde ingen oppakning og var nok mere på gåtur end vandring. De var dog det nærmeste, som vi kom andre Hærvejsvandrere under dette ophold. Et par hundrede meter nord herfor lå det tidligere for området magtfulde Skodborghus Slot, som nævnes helt tilbage til i 1300-tallet - og blev nedrevet i 1814. Stedet blev i stedet efter 1864 en vigtig grænseovergang med toldkontrol på den da danske side af Kongeåen.

Vi fortsatte langs åen. På et tidspunkt gik vi - som ofte før - gennem en låge for at passere et område med kreaturer. Denne gang var dog en ganske særlig oplevelse. På lågen var et skilt med teksten: "Pas på tyren"! Det var synd at sige, at vi følte os modige. Der var indtørrede kokasser og tydelige tegn i mudderet på dyr. Nok så vigtigt var dog, at der var ingen dyr - og dermed ingen tyr.

På vandring møder du før eller siden større dyr. Det er oftest helt uproblematisk. På Nordsøstien har vi således både måtte skubbe os gennem en flok får og gået tæt på uden om sløvt gloende køer. Vi har dog også engang gået gennem en indhegning langs et hegn med en kæp i hånden, mens en flok kåde heste voldsomt løb rundt. Vi forsøgte ikke at møde dem i det åbne og skynde os så roligt som muligt. Det vigtigste i sådan en situation er - selvom du er bange - bevare roen og reagere velovervejet. Du skal generelt ikke være bange for dyr, men altid have respekt for dem.

Midt inde i dyrefolden var endnu en indelukket fold - ikke til dyr, men med et shelter. Efter en god times vandring langs Kongeåen kom vi til en gammel vandmølle i bindingsværk med et imponerende underfaldshjul. Det var Knag Mølle. Det lidt specielle navn skulle komme af, at knag betyder knogle, og møllen midt i 1800-talle knuste dyreknogler, der som benmel blev strøet ud på markerne for at tilføre dem næring. Her forlod vi Kongeåen og gik ind mod Skodborg.

Det var en lang lige åben asfaltvej. En sene mit i venstre underben begyndte at genere. Den manglende muskelkraft i mine ben, fører desværre let til gener. Udover vandrestavenes aflastning og balance, øver jeg mig ofte i, at min holdning og gang er i ligevægt. Jo mindre skævt jeg går, jo mindre belaster jeg de udsatte steder. Ingeniører opererer med statik i bygningskonstruktion, hvor ligevægt i tyngdekraft skal modvirke slid på bestemte komponenter. Det er overført til kroppen af kropsterapeuter.

Konkret fokuserer jeg på en kropsdel og funktion af gangen. Det kan være, at fødderne peger lige frem og har en korordineret bevægelse fremad, mens jeg trækker skuldrene tilbage og holder ryggen rank og lige. Det er udfordrende, men jo mere jeg øver mig, bliver det en indbygget automatik. Koncentration på gangen har sjovt nok også en terapeutisk virkning på det generede sted.

Jeg er mig meget bevidst, at tage potentielt betændte sener alvorligt. Der er dog forskel på, om det gør ondt og decideret smerte. Er det smerte, kan det ikke gås væk, og så er det bedre at holde pause, frem for at miste resten turen eller få langvarige problemer. Der var min generende sene i underbenet heldigvis langt fra.

Dagens vandring endte midt i Skodborg efter godt 16 kilometer.

Skodborg - Jels

15. september 2020

Morgenen begyndte køligt. Ad en smal sti uden for Skodborg gik vi i højt græs, der var pjask vådt af morgenduggen. Det betød ikke noget for mine store vandrestøvler, men Anne havde løbesko på, hvilket gav meget våde sko og fødder.

På vejen mellem Skodborg og Gejlager kom vi forbi Dresvold Voldsted. Det havde været lokal herregård og et massivt tårn med voldgrav, der kan dateres tilbage til 1300-tallet. I dag er fundament og murværk gemt under jorden, men en informationstavle fortæller om stedet. Der er mange sådanne mindre lokale magtcentre rundt om i landet, det er bare sjældent, at de er skiltet.

På vej ind i Gejlager Skov kom vi forbi det lokale vandværk, hvor der er en vandhane for tørstige vandrere. Skoven er nok privat og videoovervåget, men har en lille pavillon for trætte vandrere. Der blev således sørget for vand og hvile, så du følte dig velkommen.

Senere kom vi gennem den større Skodborg Skov. Den er en af de mange skove omkring Jels, som er rester af den engang mægtige Farris Skov, som helt op i 1600-tallet strakte sig tværs over Jylland fra Lillebælt til Ribe. De historiske kilder er sparsomme, men sagn og fortællinger beretter om en stor, mørk og uigennemtrængelig skov. Jeg vidste, at der var en rasteplads undervejs. Håbet var, at den var nogenlunde uden insekter. Heldet tilsmilede os. En flot pilgrimshytte med lavt græs foran var både insektfri, gav sol og var hyggelig. Vi nød frokosten. Anne vred vand ud af sine sokker og satte sine sko til tørre. Heldigvis havde hun tørre sokker med.

Som dessert fik vi store modne søde brombær, som der var mange af langs skovstierne. Vi kiggede meget ned, for ikke komme til at træde på de mange små smukke dybsorte biller, der glimtede overnaturlig blåt i solen. Det samme gjaldt små rødbrune frøer, der var svære at få øje på, når de ikke hoppede. Der var stille og kun sporadisk fuglesang. Til gengæld var der mange farverige svampe. En klynge rød fluesvamp lignede en juledekoration. Træerne var meget tætte og mørkegrønne, enkelte begyndte at få efterårets farver i kanterne. Det var næsten som grå sting i håret. Som dagen skred frem oplevede vi regulær Indian summer med svag vind og over 25 grader.

Jeg kom til at tænke på en sen efterårsdag på Nordsøstien for nogle år siden. På trods af det sene tidspunkt på året var der hedebølge med op mod 30 grader, men det der gjorde mest indtryk på os var en gammel fisker i Løkken, som stod uden for sit hus i den tidlige morgen med en kop kaffe i hånden. Der var ikke en vind der rørte sig, og Vesterhavet var bogstaveligt blikstille. Han blev ved med at gentage, at nu havde han levet her hele sit liv, men sådan havde han aldrig oplevet havet før.

Ind i Jels viste en plakat, at Jels Vikingespil var lukket på grund af Corona. Straks vi nåede bymæssige område, blev vi mindet om epidemien. Vi holdt en sidste pause ved Jels Nedersø, hvor vi nød udsigten, roen og det varme vejr. Dagen sluttede ved kirken efter godt 13 kilometer.

Jels - Jegerup
17. september 2020

Morgenen begyndte med tre grader og at skrabe is af forruden på vores bil. Det var underligt at tænke på, at vi mindre end to døgn før havde gået i bare arme i over 25 grader. Efterfølgende fandt vi ud af, at begge dele var metrologisk ekstreme yderpunkter for årstiden. Det var stadig køligt, og dagen ville blive et stykke under 20 grader. Så snart vi var kommet i gang og fået varme i kroppen, var det dog perfekt vandrevejr - vindstille og hverken for koldt eller varmt.

På vej ud af byen slog Hærvejen et slag omkring Jels Mølle, som er en fin gammel hvid helmuret tårnmølle af typen hollandsk vindmølle - ak-kurat som områdets ikoniske Dybbøl Mølle. Uden for byen mødte vi en venlig dame, som advarede os om et sving længere fremme, hvor mange Hærvejsvandrere gik forkert. Det luner, når vi møder betænksomme men-nesker. I en have tårnede et kæmpemæssigt figentræ sig op i flere etagers højde. Vi havde ikke på vores breddegrader set et sådan i den størrelse. Snart gik det som så ofte før gennem skov. Vi spiste frokost på en rasteplads med højt græs i en lysning omkranset af tæt skov. Det var køligt i skyggen. Selvom der kunne være langt mellem gode frokoststeder, havde vi længe været gode til at finde dem, før vi løb tør for energi.

Midt på dagen kom vi gennem dagens eneste by undervejs Stursbøl, som blot er lidt spredte huse og gårde. Her gik vi forbi en gammel Hær-vejskro, som er genopstået som herberg og Cafe under navnet Ellegård. Vi var så fascineret af, at den på sin gavl havde en keramiktavle magen til den i Bække, at vi overså en lille sti ind i skoven overfor med et Hærvejs-skilt. Efter nogle hundrede meter fornemmede jeg dog, at der var noget galt. Jeg konsulterede vores GPS, som afslørede vores uopmærksomhed. Vi fik vendt om og kom ad den rigtige vej.

Snart blev stien mere og mere udfordrende. Rævestien er en smal, snoet, stærk kuperet, meget naturskøn sti gennem Nørreådalen langs Nørreå. Alligevel mødte vi en mountainbiker, som forcerede noget af den og lige ville høre om vores tur. Svedende over strabadserne kom vi til Præsteskov Pilgrimshytte, som er fuldstændig identisk med den tidligere Skodborg Pilgrimshytte. Her fik varm te og luftet tøj.

Der er noget fascinerede og tilfredsstillende ved et udfordrende styk-ke som Rævestien. På Herrestadsfjeldet ved Uddevalla i Sverige har vi dog gået et udfordrende stykke i en hel anden kategori. Det tog den dobbelte tid og mere end dobbelt kræfter i forhold til almindeligt terræn. Alligevel følte jeg bagefter - pustende og våd af sved - en dyb tilfredsstillelse. Jeg var lidt stolt, når vi undervejs så tilbage og udbrød: Wouw den klippe kravlede vi lige ned fra! Det skal lige siges, at det var en mærket vandrerute, så vi som novicer ikke rodede os ud i noget farligt.

Tilbage på Hærvejen gik vi gennem Oksenvad Hede, som trods navnet er regulær skov, selvom der er lyng alle vegne. Den er selvfølgelig tilplantet hede, hvor ændringen af naturen bare ikke har ændret navnet. Retfærdigvis skal det nævnes, at interessentselskaberne der driver skovbrug benytter betegnelsen Oksenvad Skov. Ud af skoven var en hel metropol af meterhøje myretuer, som er lige fascinerende hver gang. Der var også - som så mange steder på Hærvejen - små kunstfærdige miniaturevarder, stablet af vandrere.

Ude i det åbne landskab gik det igen ad mindre veje. Ved landevejen over Tingvad Bro går Hærvejen nogle hundrede meter på tværs ad denne, inden den fortsætter. Vi havde været guidet omhyggeligt af skilte hele vejen, men her var pludselig ingen skilt. Vi skulle lige sunde os, men heldigvis var skiltningen snart tilbage. Det gik ad asfaltvej, over grusvej, til markvej og blev til knoldede græstuer. Anne fik i et hegn plukket små æbler. De egnede sig ikke til spisning, men hun elsker at koge, sylte og bage med frugt og bær fra naturen. En ældre mand hilste med et mojn. Vi var på hele vores vandring mest blevet mødt med et daw, men med mojn var vi rigtig i Sønderjylland.

På vej ind i Jegerup mødte vi et sjak asfaltarbejdere. En af dem var lokal og ville godt vide, om han kunne køre i bil ad den vej, som vi var kommet. For som han sagde, i 1970 havde han kørt ad den med sin Morris Mascot. Vi mente dog nok, at han i dag skulle bruge en firhjulstrækker eller en traktor. Dagens vandring sluttede ved Jegerup Kirke efter godt 19 kilometer.

Jegerup - Hammelev
18. september 2020

I morgenstilheden ud af Jegerup krydsede vi under jernbanen mellem

74

Lunderskov og Padborg. Byen var faktisk helt frem til 1972 stationsby, men som næsten alle små stationer blev den i de år nedlagt i effektivitetens tjeneste. Vi gik herefter ad en lang lige vej langs banen - hvor IC3-tog med jævne mellemrum buldrede forbi.

Kirkestien over Vojens Mark blev frem til 1925 brugt af beboerne i Vojens, når de skulle til kirke i Jegerup, hvorefter Vojens fik sin egen kirke. Den blev herefter brugt som skolesti. Med den officielle Hærvej blev den endelig vandrevej. For et par år siden blev den renoveret og er nu en fin vandresti med udsigt over åbne marker.

Bag en bakke dukkede ud af ingenting et gammelt jernbanespor og et skur med et stationsskilt Vojens op. Sporet stammer fra Haderslev-Vojens banen, som fungerende frem til 1974, hvor den midlertidigt blev indstillet på grund af oliekrisen. Den kom aldrig i gang igen som persontransport, men blev senere veteranbane.

Kort efter kom vi forbi Vojens Idrætscenter, som er hjemmebane for byens stolthed ishockeyholdet Sønderjyske. Bagerst på Vojens kirkegård fandt vi en diskret plads i solen, hvor vi nød roen og vores frokost. Det med roen var dog relativt, da det nærmest lyder som et tordenbrag, når en F16 letter fra Skrydstrup tæt ved.

Ud af Vojens gik det gennem parcelhuskvarterer. Umiddelbart ligner mange af disse hinanden, men er du åben for indtryk, rummer hvert kvarter sine helt egne detaljer og stemning. Uden for byen går Hærvejen gennem Grønbjerg Skov tæt forbi militært område indhegnet af højt pigtrådshegn. Skoven føles virkelig som et bjerg med sine 42 meter. Dybt nede til venstre anes Hededam og dybt nede til højre Jernhyt Bæk. Det er dog svært at se andet end stien, da den går gennem tæt skov.

Ude af skoven er Gammel Ladegård en landsby med mange fint istandsatte gårde. Flere af gårdene og husene er så imponerende, at det nærmest ligner et rigmandskvarter. På det følgende stykke er der ved siden af stien dybt nede en mægtig dal. Den blev skabt under sidste istid, hvor isen stoppede sin fremrykning mod vest her. Da isen smeltede og vandet fossede ud blev der dannet en tunneldal, der går hele vejen fra Vojens til Haderslev - det sidste stykke som Haderslev Dam.

Sidst på dagens vandring kom vi gennem Sandkule Skov. Sandkule betyder sandgrav, men hvilke sammenhæng navnet er opstået, fortoner sig i historiens tåge. Lige før Tørring Mølle forlod vi Hærvejen og gik gennem Kirkekobbel Skov til Hammelev. Her holdt vi et kort hvil ved Hammelev Kirke, inden vi sluttede dagens vandring på en parkeringsplads tæt ved motorvejen. Dagen havde været på 15 kilometer.

Efterår og ny Corona-bølge

Efterårets ustabile og køligere vejr fik pandemien til at eskalere med stigende smittetal. Vi var igen på Hærvejen, denne gang med udgangspunkt fra et lokalt sommerhus. Under opholdets sidste dag blev der endnu en gang annonceret nye restriktioner, denne gang indskrænkning af forsamlinger til højest ti og påbud om mundbind i offentlig tilgængelige bygninger. Vi følte os næsten tilbage til forårets voldsomme smitteudbrud.

Hammelev - Vedsted
19. oktober 2020

Det var kold blæsende morgen ud af Hammelev. Foran et hus stod en træstork med en dukke i en stofble for at bekendtgøre en fødsel - noget vi havde set flere steder i landsdelen. Skikken blev indført af hollandske indvandrede landmænd i 1990-erne og har bredt sig.

Tilbage på Hærvejen besluttede vi os for tidlig frokost ved Tørning Mølle. Bag møllegården ud mod mølledammen var en masse borde og bænke. Bortset fra en larmende skoleklasse et stykke væk og en charmerende lille robotplæneklipper, var vi alene. En solstråle holdt den værste kulde på afstand.

Tørning Vandmølle og Christiansdal Vandkraftanlæg drives af vand fra de opdæmmede Stevning Dam og Tørning Mølledam. Mølledrift på stedet nævnes første gang i slutningen af 1400-tallet, men er givetvis ældre. Her har gennem tiderne både været malet korn og tidlig industri med lærredsvæveri, blegeanstalt, stampemølle, glasstøberi, spejlglas, sodafabrik, cellulose, papirfremstilling og el-produktion. Det var således mellem de få steder i landet med omfattende tidlig industri, og da el-turbinen blev sat op i begyndelsen af forrige århundrede, dækkede den halvdelen af Haderslev med elektricitet. I dag er det museumsmølle, kultursted og driver et par el-turbiner.

Efter møllen ligger Tørning Voldsted, som var borganlæg i 1200-tallet. Borgen Tørninghus var i middelalderen et vigtigt magtmæssigt center for området. Da vi forlod asfaltvej, gik vi gennem vådt græs i markskel, små ujævne hullede stier og til sidst grusvej. Vi kom så tæt på motorvejen mellem Kolding og Padborg, at larmen fra bilerne var tydelig. Skulle Hærvejen være anlagt historisk korrekt, ville den på dette stykke faktisk have været selve motorvejen. Til gengæld var vores vandrevej øde og fredelig.

Efter små to timer kom vi forbi et stort Arla-mejeri i Høgelund. Lige før er en stenkiste fra slutningen af 1700-tallet. Det var lidt specielt, fordi vi skulle ind i en privat have på en velholdt græsplæne, hvor den udgravede stenbro så kunne ses i en fordybning. På en grusvej langt fra alt passerede vi senere en italiensk kaffebar og vinbutik. Den lå godt nok ikke et sted, hvor spontane kunder kom forbi! Det var langsomt blevet mere overskyet, og kulden sneg sig ind på os.

De sidste par kilometer af dagens vandring var på cykelsti langs landevej. Her fik vi en hel særlig oplevelse. Først kom tre F16-jagere i så tæt formation, at de næsten rørte hinandens vingespidser. Derefter slog de højt larmende enkeltvis et stort sving og dykkede ned mod os, hvor de roterede, så vi rigtig kunne se dem.

Lige før dagens endemål stod en bænk med bord og udsigt over Rugbjerg Sø. På grund af den iskolde vind måtte vi dog sidde med ryggen mod søen og dermed udsigten, og pausen blev ganske kort. Dagens vandring endte foran kroen i Vedsted med det tankevækkende navn Slukefter. Det havde været en blæsende kold dag på blot godt 10 kilometer. Bortset fra ved Tørning Mølle havde vi ikke mødt en levende sjæl.

Vedsted - Øster Løgum

20. oktober 2020

Den følgende dag var lige så blæsende og kold - men nu med råkold dis og helt uden sol. Selvom vi var lunt klædt på, var det svært at holde varmen. Ved Vedsted Sø mødte vi en hundelufter, der hilste på os med et morgenfrisk mojn. Hun var den eneste, som vi mødte denne kolde dag.

Vi gik forbi marker, spredte gårde, klynger af skov og gennem vådområderne Abkær Mose og Stengelmose. På et tidspunkt passerede vi nogle store volde, som vi efterfølgende fandt ud af var støjvolde omkring Skovbybanen, hvor der køres motocross og speedway. Efter en god time kom vi til en lang lige bred jævn grusvej med navnet Hærvejen - ikke ulig den tilsvarende tidligere på turen. En forskel var dog, at der her med mellemrum lå tomme øl- og sodavandsdåser. Den manglende pant på dåser købt i Tyskland, gør dem uinteressante for pantsamlere her.

Vi regnede med frokostpause ved Immervad, hvor der er herberg og teltplads. Vi havde gået et par timer. Det var blæsende og bidende koldt. Vi trængte til pause og noget at spise. Der var imidlertid ingen egnede steder. Løsningen blev, at vi kravlede ned i hullet foran den gamle Immervad Bro. Her kunne vi halvt siddende i nogenlunde læ - om end stadigt frysende - spise vores mad og trods alt nyde vores varme te. Broen er Hærvejens ældste og kendteste. Den er bygget i 1786 af mere end fire meter lange enorme stenbjælker. Grunden til vi kunne kravle ned foran den er, at åen ikke løber her mere, men under en ny bro få meter væk.

Efter pausen var vi tilbage på vejen Hærvejen, som dog nu hed Oksevejen, der som sagt er den tyske betegnelse for samme Hærvejen. Senere kom vi forbi Hærulfsstenen, som er en smuk mægtig runesten fra omkring 900 med den enkle ikke specielt oplysende inskription Hærulf. Den blev i nyere tid offer for landsdelens konflikt, da den efter danskernes nederlag i 1864, blev flyttet til Berlin. I 1951 kom den dog tilbage og stillet nær sin oprindelige plads, som en forsonende gestus. Oksevejen endte øst for Hovslund, hvor vi holdt en mere behagelig pause ved pilgrimshytten Hovslund - som er akkurat magen til de to tidlige på turen ved Skodborg og Præsteskov.

Herefter gik det gennem tæt vildnis i en lille skov efterfulgt af en knoldet ujævn sti langs marker, blot for at undgå den sideløbende befærdede Øster Løgumvej. På en lille vej ind i Øster Løgum har det lokale menighedsråd sat en bænk op til pilgrimsvandrere. Ved den hang en besked om at fokusere lidt af gangen på små ting, hvorved du vil se mirakler verden rundt. I den ophængte besked var et hul, hvor du kunne betragte en egen valgt lille detalje. Et fint budskab. Lidt fremme på det traditionelle byskilt var malet et lille dannebrosflag. Også en fin detalje.

Ved enden af dagens vandring foran Øster Løgum Kirke er en stor mindesten for de faldne 1914-1918. Sårene fra første verdenskrig under tysk herredømme er her meget håndgribelige. Tidligere på Hammelev kirkegård havde vi set en tilsvarende mindesten med en snes navne på faldne i sognet. Det betyder, at hver lille landsby havde minimum en håndfuld faldne, hvilket vil sige, at alle har kendt eller haft relation til mindst en. Dagen endte her efter godt 12 kilometer. Det havde været en god men uhyre kold dag.

Øster Løgum - Hjordkær
23. oktober 2020

Efter to dages vandringspause med først heftig heldagsregn og derefter stormende kuling og slagbyger, gik vi ud af Øster Løgum i morgenens første lys. Vi var stået op klokken kvart i fem for at få transporten til at hænge sammen. Det havde betydet bulder mørke indtil kort før start. Nu var det imidlertid en stille kold og smuk solopgang. Træernes efterårsfarver var nærmest eksploderet i løbet af de sidste dage og flammede op i morgenstrålernes gyldne farver.

Det at vandre om vinteren i overgangen mellem mørke og lys, er noget helt specielt. Vi gik vores sidste tur på Drivvejen julemorgen. Det var magisk og stemningsfuldt at gå ud af en stille og sovende Harboøre tidligt i mørke helt uden vind, for uden for byen fornemme solen langsomt bryde mørket under horisonten. Det var tilsvarende specielt senere om eftermiddagen i skumringen gå ind i Thyborøn med de lokale smilende ønske os glædelig jul.

Fra Øster Løgum gik det den næste times tid af en lang lige smal asfaltvej forbi marker med fortrinsvis majsstubbe. Dyrkningssæsonen var forbi, og jorden skulle gøres vinterklar. Undervejs passerede vi Vendersvold - som de lokale kalder Æ Vold - hvor der var bord og bænk. De var dog så gennemvåde af de sidste dages regn, at vi ikke engang overvejede at sætte os. Volden er fra sidste del af jernalderen og var oprindelig en kombination af grav, vold og palisader i eg. Den var endnu en spærring af Hærvejen til told eller forsvar.

I skoven umiddelbart efter ligger godt gemt Andholm Batteri, som er en del af Sikringsstilling Nord. Det var en moderne pendant til Æ Vold. Under første verdenskrig i 1916 anlagde tyskerne en linje af bunkere og skyttegrave tværs over Jylland. Der er kun få rester tilbage, da det meste blev fjernet efter genforeningen i 1920.

Da vi nærmede os Rødekro, hørtes larm fra arbejde med store maskiner. Det viste sig at være kolossale grusgrave og udgravede søer, hvorfra der blev opsuget sand. Dette landskab strakte sig så langt øjet rakte til alle sider. Hvor der ikke allerede var gravet, blev skrællet muldjord af til nye gravninger. Det var lidt uhyggeligt. Landskabet var under fundamental forandring. Et faldefærdigt husmandssted så helt fortabt ud midt i larm og udgravninger.

Den centrale gade gennem Rødekro hedder Hærvejen - først som handelsstrøg med bannere om at handle lokalt, så langs næsten endeløse rækker af villaer. Denne Hærvejen - som vi senere ville komme til at gå på ad lange stræk - går helt ned til Bov tæt på grænsen til Tyskland, kun skåret over af et par større veje undervejs. I Rise drejede vi imidlertid af for denne gang og gik langs et nedlagt jernbanespor, hvor der indtil 1990-erne kørte tog fra Rødekro til Aabenraa. Skinnerne var mange steder dækket af den tilstødende vegetation, så banen blev synligt ikke brugt mere. Ved Rise Kirke fandt vi en god bænk med læ, sol og fin udsigt mod farverige efterårstræer. Det blev - i modsætning til sidste turs korte frysende pause i hullet ved Immervad - en behagelig lang pause.

Rise er i dag en blanding af landsby og forstad til den nyere stations-by Rødekro, men tidligere var den områdets centrale by. En vejvisersten foran kirken viser - udover Hærvejens destinationer - at der herfra var ve-je til Åbenrå, Haderslev og Løgumkloster. Vi valgte vejen mod Flensborg og Slesvig og kom atter ud i det åbne landbrugsland, kun afbrudt af en enkelt landsby Søst. Vi havde gået på asfalt hele dagen, men her sidst på dagen var en kort tung mudret markvej. Jeg havde under dette ophold undgået muskelproblemer, men her fik jeg ondt i min belastede venstre lægmuskel.

Jeg har ellers købt mig kompressions-strømpeskafter til støtte af de sårbare lægmuskler. På den måde kan jeg stadig have min uldstrømper i skoene. Meningen med kompressions-strømpeskafterne er, at de skal støtte de udsatte muskler, ligesom de skal forebygge skader og hævelse. De har også den gode egenskab, at de fremmer blodgennemstrømningen i venerne. Det betyder, at de forebygger blodpropper i benene. Det er mit håb, at denne egenskab kan hjælpe mig til at få liv i mit "døde" højre un-derben. Skulle jeg alligevel få for ondt i den udsatte muskel, har jeg sportstape med.

Skiltningen af Hærvejen var stadig god, men i hele Sønderjylland op-levede vi mange af solen blegede ulæselige skilte. Andre var faldet af. Skiltningen trængte her til en gennemgribende renovering. Uanset mang-lende skilte endte dagen endte efter godt 14 kilometer ved en stor gen-foreningssten ind i Hjordkær.

Slutspurt

Det var stadig efterår, men så sent på året, at det blev tidligt mørkt og koldt. Smittetallet var højt. Epidemien blev ved at udvikle sig. Rejser til hele verden blev igen frarådet. Vi havde for et stykke tid siden booket et kort hotelophold, som trods vores opståede betænkelighed viste sig at være med næsten ingen mennesker, mundbind på, enorme mængder håndsprit og ganske trygt. Det var tid for den sidste slutspurt.

Hjordkær - Bjerndrup
9. november 2020

Solen var pakket væk i en tæt grå kold dis. Det første korte stykke gik på befærdet landevej, og derefter de følgende to-tre timer isoleret alene på bred grusvej. Hele denne del af dagens vandring var ad den gamle hovedfærdselsvej og autentiske Hærvej. Den hedder passende det første stykke Hærvejen og derefter Oksevejen. Et vejskilt til Toldsted er en reminiscens af vejens betydning. I dag er det blot en gård, men tidligere var det landevejskro, poststed, brændevinsbrænderi og helt frem til begyndelsen af 1700-tallet et betydende kongeligt toldsted for de stude, der blev drevet ned af Hærvejen.

Lidt nede af vejen passerede vi en minkfarm med dens karakteristiske lugt. Vi fik det helt dårligt, ikke på grund af lugten, men på grund af den i de dage uhyggelige udvikling omkring minks endeligt i landet. Hen over sommeren og efteråret havde Corona spredt sig voldsomt på minkfarme i Nordjylland. Kort før vi tog hjemmefra var så fundet mutationer i det virus, som mennesker blev smittet tilbage med fra mink. En af mutationerne havde nedsat effekt over for antistoffer og var dermed en mulig trussel mod en kommende vaccine. Resultatet blev, at Nordjylland blev lukket ned, og alle landets mink skulle aflives. Det krævede ikke meget indlevelse at forestille sig de kolossale konsekvenser for en minkfarm som denne. Efter aflivningen var begyndt, var der netop denne dag opstået tvivl om lovgrundlaget for aflivning af ikke smittede mink. Vi passerede derfor en tragedie for en masse mennesker, en betændt politisk situation og en uhyggelig mulig trussel for en ny pandemi.

Umiddelbart efter kom vi til Urnehoved Pilgrimshytte, som er den sidste af de ens pilgrimshytter på Hærvejen. Her holdt vi en kort pause, da vi satsede på frokost ved Urnehoved Tingsted senere. Tingstedet ligger ganske øde ud for Bollerslev og var frem til begyndelsen af 1500-tallet det middelalderlige landsting for Sønderjylland. Tinget var i sin storhedstid både skueplads for et kongemord og kongehyldninger. Stedet var således i middelalderen magtmæssigt et vigtigst sted på Hærvejen mellem Viborg og Slesvig. Efter genforeningen med Danmark i 1920 blev det mindepark, hvor der holdes grundlovsmøder. Skal det være historisk korrekt, kendes den præcise placering af det gamle ting ikke, men stedet her var det bedste bud. De placerede borde og bænke stod ganske ubeskyttet for den bidende iskolde vind, så vi krøb i læ i et nærliggende shelter. Her spiste vi frokost og forsøgte at varme os på teen.

Der havde nok været lunere i den senere Povl Kro, hvor der i dag er Hærvejsherberg - og hundepension. Ved et vejskilt om påpasselighed på grund af "kulturarvsmærket Povlsbro" kørte en vanvidsbilist med trailer forbi os. Han kørte så stærkt, at han næsten ikke kunne holde bilen på vejen og traileren hoppede op i luften fra side til side. Grus og småsten stod til alle sider. Det var en grim oplevelse. Povls Bro udstrålede til gengæld en nærmest romantisk ro. Den er en smuk buebro i sten over Bjerndrup Mølleå opført i 1844 i stedet for en tidligere træbro.

Trods pænt med læhegn gjorde det grå og blæsende kolde vejr den lange lige vej triviel. Vi har tit gået af lange lige veje gennem landbrugsland og alligevel synes, at der var meget at se og opleve. Havde det været en lun vindstille sommerdag, havde det helt sikkert også været sådan her - men nu var det bare trivielt. Ensformigheden blev brudt, da vi drejede ind mod Kliplev.

I forbindelse med anlæg til boligbyggeri kort før Kliplev, var vores vandrevej ændret til forhindringer af anlægsarbejde, jordbunker, gravemaskiner og travle arbejdere. Der var ingen anden vej end midt gennem det alt sammen, hvor ingen til gengæld tog notits af os. Vi var glade for, at vi ikke skulle begive os ud på en problematisk omvej.

Selvom vi vandrer på vandreruter, har vi oplevet udfordrende forhindringer. For en del år siden i Jeksendalen - på vandreruten mellem Århus og Silkeborg - var en kolossal mudderpøl foran en kreaturlåge. Mudderet var delvist dækket af vand, var ankeldybt og vi ville kunne sidde uhjælpeligt fast. I det stærkt kuperede terræn var lågen den eneste mulige passage. Det var sent på dagen, så det ville ikke være muligt at gå udenom eller tilbage. Regnen stod ned, og vi havde undervurderet turens længde. Situationen var kritisk.

Efter mange lange overvejelser slæbte vi en gammel træstamme hen til kanten af mudderet. Her fik vi den på højkant og væltet over mod lågen. Vi fandt herefter et par solide kæppe at støtte os til og balancerede på stammen hen til lågen. På den anden side var heldigvis kun vådt græs.

En anden gang - på en vandrerute langs kysten på Tenerife nær Puerto de la Cruz - oplevede vi, at vores sti på en klippeside simpelthen var spærret af med advarsel om fare for nedstyrtning af klippestykker. Normalt vil der være pile eller henvisning til alternativ - men ikke her. Alternativ vej ville være lang og sandsynligvis bringe os ud på befærdet vej uden fortov. Vi satte os foran spærringen og var i tvivl om, hvad vi skulle.

Pludselig dukkede en gruppe højrøstede lokale op på den anden side og kravlede over. Vi var chokeret, men snart kom en ny gruppe med børn og en meget gammel dårligt gående dame, som forsigtig blev hjulpet over. Da der efterfølgende kom en gruppe turister, gik vi hen til dem og spurgte til spærring og farbarhed af stien. Det var tyske vandrere som fortalte, at stien var tilsvarende spærret i den anden ende, men den var fin farbar. Der lå bare nogle store klippestykker midt på, som ikke var fjernet.

Vi tog en dyb indånding, kravlede over spærringen og gik den et par kilometer lange sti med tilbageholdt åndedrag. Vi mødte ikke nogen før spærringen i den anden ende, hvor to fornemme damer i sarte hvide spadseredragter i det samme kravlede over. På trods af andres afslappede holdning til spærring og advarselsskilte, slappede vi først af vel ude på den anden side.

Endelig vil jeg nævne en spærring, hvor vi måtte opgive at komme forbi. På Drivvejen skulle vi gennem en sluse med køer. Stien var både hjertesti og kløverrute, så vi forventede ikke problemer. Den smalle sluse var imidlertid også stedet, hvor køerne blev hentet ind om aftenen. En halv snes store køer stod derfor skulder ved skulder blokerende både adgang til og fra slusen. Det var umuligt at komme ind endsige forbi uden at skubbe dem væk. Jeg prøvede at skubbe til den nærmeste ko indenfor, men den reagerede kun virrende irriteret med hovedet. Vi vidste, at en flok der gik i panik eller følte sig truet kunne trampet en ihjel. Vi satte os derfor i nærheden og ventede på, at de skulle blive lukket ind. Da det begyndte at mørkne, besluttede vi efter godt tyve minutter at opgive og gå en alternativ vej. Den var i dette tilfælde heldigvis kun på et par kilometer.

Tilbage til Hærvejen, hvor det nærmeste vi kom Kliplev var gennem et industrikvarter. Herefter gik det af en smal ujævn smattet sti langs jernbane og forbipasserende IC3-tog. Efter yderligere et stykke med knoldet græs uden om en lille gård, gik det sidste stykke til vores ventende bil i Bjerndrup ad en mindre asfaltvej. Dagen havde været på knap 17 kilometer. Vi var gennemkolde og forkomne.

Bjerndrup - Bov/Padborg

10. november 2020

Det var stadig blæsende og koldt. En fortættende fugtighed i luften gjorde det dog mere råt end dagen før, hvor jeg var blevet gennemkold. Jeg havde derfor taget ekstra tøj og vinterhue på. Jeg regnede med, at det ville blive for varmt i løbet af dagen, men det gjorde det overhovedet ikke. Trods erfaring kan det være svært at vurdere en passende beklædning. Det er dog vigtigt, da en snigende kulde i kroppen ligeledes kan være svær at mærke.

En busk i vejkanten stod med store friske lysegrønne knopper. Den virkede helt forkert i den rå kulde, men det havde trods svingende temperaturer endnu ikke været rigtig frost dette efterår. Faktisk var denne november paradoksalt nok på vej til at blive en af de varmeste nogensinde. Vejrets omskiftelige temperaturer er ikke bare svære for os som vandrere at finde beklædning til, det er ikke mindre svært for naturens fauna.

Planlægningen af vores Hærvejsvandring havde været et puslespil. Centralt i den forbindelse var velfungerende offentlig transport. Alle busser på vandringen havde kørt upåklageligt, og vi havde mødt en masse rare buschauffører. Vi havde fra sensommeren også vænnet os til at have mundbind på. Her den sidste dag bød dog på en dårlig oplevelse.

Vi havde planlagt at tage bus fra Bov til Padborg Station, hvor vi skulle tage toget til Tinglev. Det var vigtigt at nå toget, for Corona betød krav om pladsbillet, som vi derfor havde anskaffet på forhånd. Vi stod ved stoppestedet iført mundbind og gjorde tegn til buschaufføren med vores rejsekort. Umiddelbart så det ud til, at han sad i sine egne tanker og sent fik øje på os. Han begyndte at bremse, men opgav så pludselig og slog ud med armen, hvorefter han gassede op og forsvandt. Bussen var stort set tom.

Vi fik helt ondt i maven. Der var ganske kort tid til toget fra Padborg skulle gå. Vi sprang resolut ind i vores lidt derfra parkerede bil og kørte så hurtigt som muligt til stationen. Der opdagede Anne, at hun i skyndingen havde tabt en dyr skindhandske. Mens hun prøvede at finde den, hastede jeg til toget. På perronen stod tre politibetjente og tre soldater og ventede på tog fra Tyskland. De skulle håndhævede de på grund af Corona indførte indrejserestriktioner. Jeg spurgte forpustet, om det ventende tog var mod Tinglev. Det bekræftede de og sagde, at jeg skulle skynde mig. Jeg mistede modet og svarede, at jeg lige skulle have min kone med. Den ene politimand hastede hen til konduktøren, som netop var ved at give tegn til afgang. Han afbrød! Heldigvis kom Anne i det samme løbende. Hun fik tjekket ind på rejsekortet, og vi styrtende ind i toget med tak bagud til de rare betjente. Da toget var i gang, kom konduktøren hen og spurgte, om vi var ok.

Den ubehagelige buschauffør blev på den måde opvejet af rare politibetjente og togkontrollør. Senere konstaterede vi, at havde vi ikke nået toget, ville vores sidste vandring på Hærvejen være sluttet i bulder mørke. Vi ville næppe have kunnet gå det sidste ikke oplyste stykke. Vandringens kulmination ville have været uendelig trist. Da vi yderligere fandt Annes handske efter vandreturen, hvor bussen var kørt forbi os, endte det hele godt. Der er dog en vigtig ting i sådan en situation. Der sker altid uforudsete hændelser på en lang vandring. Det svære i nuet er ikke tage en dårlig oplevelse med sig, hvor den kan ødelægge en hel dag eller resten af en tur. Derfor gav vi hinanden håndslag på, at da det var sidste dag på Hærvejen, skulle vi fokusere på, at den blev god - og det blev den!

Efter den lille landsby Perbøl går vandrestien gennem lavtliggende engarealer. Der var mange steder vådt og smattet. Heldigvis havde vi vandrestøvler på, og stien gik ikke gennem det værste mudder. Vi passerede omkring hundrede meter fra en række kæmpe vindmøller, som med en høj snerren drejede hurtigt i den friske vind. Selv på denne afstand kunne vi fornemme de enorme kræfter. Året før på en vandring på Lagunestien på den sydsjællandske kyst, havde vi gået direkte under sådan voldsomt drejende vindmøller. Vi var dengang så tæt på dem, at vi kunne røre tårnet. Kraften fra møllerne kunne mærkes som rystelser i jorden under os, og vingernes sus havde været en brølen. Vi havde nærmest løbet forbi. Det havde været en fantastisk oplevelse, men også skræmmende.

På vandreture i naturen har vi ofte set hjorte, men på Hærvejen havde vi hidtil ikke set en eneste. I Bommelund Plantage nord for Gejlå fik vi dog en enestående oplevelse. Otte store dådyr krydsede en efter en vores sti tæt foran os. Elegant sprang de over en mere end tre meter bred vandfyldt å. Den sidste i flokken var råbukken med en et imponerende kæmpe gevir. Oplevelsen gjorde os taknemmelige og andægtige.

Endnu engang ramte vi vejen Hærvejen, der går oppe fra, hvor vi forlod den lange grusvej. Her er den bare tungt trafikeret hovedvej. Vi kom ud på den, hvor den går gennem landsbyen Gejlå. Her ligger Hærvejens Købmand, som trods navnet er en tøjbutik. Foran butikken var en bænk i læ for den kolde vind, som så offentlig nok ud til frokostpause.

Gejlå Bro er den tredje og sidste af Hærvejens berømte gamle broer. Den går som navnet siger over Gejlå og har siden oldtiden været overgangssted for den gamle Hærvej. I bronzealderen var der stenlagt vadested, fra vikingetiden træbro og endelig fra 1818 en smuk bro opført i store kileformede granitsten. Tæt ved broen lå tidligere en berømt Hærvejskro Bommerlund Kro, som for længst er væk og nu blot markeret med en mindesten.

Igennem Bommelund Plantage går vandreruten af skovveje langs den befærdede Hærvejen. Skoven byder både på smukke stengærde og særprægede vejpligtsten. Sidstnævnte blev opstillet i slutningen af 1600-tallet og markerede hvilke stækninger af vejen, som den enkelte lokale bonde var pligtig at vedligeholde. Vejpligtordningen havde sin oprindelse helt tilbage fra Jyske Lov i 1241 og var gældende helt frem til begyndelsen af 1900-tallet. Stenene kaldes på strækningen for talende sten, hvilket måske er fordi, at de fortæller den enkelte om vedkommendes pligt.

Efter plantagen gik vi over Den Sønderjyske Motorvej med udsigt ind mod Padborg med enorme mængder opmagasinerede containere. Vi var tydeligvis i græseområdet til Tyskland. Selve motorvejen var dog ikke specielt trafikeret og stort set kun med lastbiler. Årsagen var, at kort forinden havde Tyskland på grund af Corona indført fjorten dages karantæne for indrejsende fra Danmark. Samtidig frarådede Danmark alle rejser ud af landet. Det var en skræmmende tid vi levede i!

I Lyreskoven nord for Bov, holdt vi vores Hærvejsvandrings sidste korte pause. Herefter gik det - selvfølgelig af vejen Hærvejen - gennem det gamle Bov, hvor kirke og kro over for hinanden markerer det gamle centrum. Endelig nåede vi Den Krumme Vej ned til en lille grænseovergang. Denne vej er den gamle indfaldsvej til Flensborg, som daterer sig helt tilbage til 1200-tallet. Ved siden af den nuværende vej er frilagt et lille stykke af den oprindelige middelalderlige brolægning. Den afslører en for tidligere tider ualmindelig fin brostensvej.

Historisk var det af denne vej, at de slesvig-holstenske soldater trak sig tilbage mod syd efter nederlag i de Slesvigske Kriges første slag ved Bov i 1848. Ligesom det var af denne vej, at de danske soldater for sidste gang trak sig tilbage den anden vej til Dybbøl Skanse i 1864. Den favner dermed krigene om området. Personligt var min tiptipoldefar bagtrop i det første slag, mens hans svigersøn (min tipoldefar) var bagtrop i det sidste. Førstnævnte kom således ikke i kamp, mens sidstnævnte helt bogstavelig var bagtrop. Han var mellem den begrænsede del af sit kompagni, der undslap slaget nede ved Oversø ved at løbe over strandengene der. Han var således en af de sidste danske soldater ind på Den Krumme Vej. Min families historie væver sig således ind i grænsekonflikten, som reelt rigtig mange familier i de to lande på hver side af grænsen gør.

Grænseovergangen ved Rønsdam er en lille hyggelig overgang omgivet af smuk natur. Den forbinder Bov på den danske side og landsbyen Niehuus (på dansk Nyhus) på tyske. Sidstnævnte var i øvrigt frem til grænsedragningen i 1920 en del af Bov sogn. Der er blot en bom, som permanent står åbent og vedligeholdes af et frivilligt bomlaug. Corona havde trods rejserestriktioner heldigvis ikke betydet yderligere spærring.

Der var dog en ting, som undrede mig. Langs grænsen var et lavt hegn, og på overgangen var en voldsom dyrerist. Kønt var det ikke. Henne ved hegnet opdagede jeg, at grænsestenene stod over en meter inde på den tyske side af hegnet. Hertil kom, at den danske vandrerute Gendarmstien fra Padborg hertil gik på den tyske side af hegnet. Hegnet stod altså lidt inde på den danske side af grænsen. Først da gik det op for mig, at det var det meget omdiskuterede vildsvinehegn, som skulle holde svinepest ude af Danmark.

Det var så småt begyndt at mørkne, men det kunne ikke spolere en højtidlig glæde og stolthed, da vi ganske stille stod og sugede stemningen til os. Det er svært at forklare, men det var ligesom de mange dages vandring og oplevelser fortættede sig. Det var uvirkeligt, at lige her i mørkningen med smuk natur omkring os sluttede vores Hærvejsvandring. Dagen havde været på godt 15 kilometer, men det var godt 437 kilometer og mere ned et år siden, at vi stod i morgensolen på Slettestrand.

Officielt hedder det, at den danske del af Hærvejen slutter i Padborg. Godt nok er Bov og Padborg vokset sammen som by, men reelt er slutpunktet i Bov. Vores bil stod dog ved Padborg Station, og det blev hurtigt mørkere, så vi måtte modvilligt bryde op. Det ville være fristende at gå ad Gendarmstien, men den går langt fra byens lys. Vi gik derfor tilbage ad Den Krumme Vej og gennem oplyst by - en tur på omkring to-tre kilometer.

Tilbage på vores hotel kunne vi fejre vores Hærvejsvandring med mortensaftensand og risalamande i sønderjyske mængde og tyngde. Vi havde oplevet de enkelte landsdeles særpræg og stemninger. Vi havde gået gennem årstidernes forvandling af skove, marker og dyreliv fra vinter over forår, sommer og efterår til nu begyndende vinter igen.

Corona havde begrænset os, men på Hærvejen var vi ubegrænsede. Mine to blodpropper havde ændret og taget af mit liv, men med Hærvejsvandringen med Anne slog jeg tilbage og tog noget af livet tilbage.

Grænseovergangen ved Rønsdam

Appendiks

Oversig over vandringen

Slettestrand – Ferritslev	17,71 km.
Ferritslev – Løgstør	20,20 km.
Løgstør – Gatten	15,60 km.
Gatten – Aars	13,10 km.
Aars – Aalestrup	17,80 km.
Aalestrup – Skringstrup	18,80 km.
Skringstrup – Fiskbæk	16,30 km.
Fiskbæk – Viborg	14,86 km.
Viborg – Skelhøje	18,90 km.
Skelhøje - Sønder Knudstrup	19.84 km.
Sønder Knudstrup - Bølling Sø	17,30 km.
Bølling Sø - Sepstrup	18,41 km.
Sepstrup - Vrads	14,04 km.
Vrads - Nørre Snede	16,54 km.
Nørre Snede - Kollemorten	18,40 km.
Kollemorten - Jelling	20,59 km.
Jelling - Kærbølling	9,05 km.
Kærbølling - Nybjerg Mølle	18,29 km.
Nybjerg Mølle - Bække	17,08 km.
Bække - Vejen	14,44 km.
Vejen - Skodborg	16,53 km.
Skodborg - Jels	13, 59 km.
Jels - Jegerup	19,21 km.

Jegerup - Hammelev	15,06 km.
Hammelev - Vedsted	10,33 km.
Vedsted - Øster Løgum	12,54 km.
Øster Løgum - Hjordkær	14,37 km.
Hjordkær - Bjerndrup	16,64 km.
Bjerndrup - Bov	15,15 km.